日本一わかりやすい！

見るだけ不動産投資58

アユカワタカヲ

J-REC公認不動産コンサルタント

はじめに

「サラリーマン大家」という言葉が世の中に出始めて、十数年。会社に勤めながら不動産投資をして、副収入を得ようとする人が増えてきました。かくいう私もサラリーマン時代に、お金の知識の重要性を感じて不動産投資を始めました。今から13年前のことです。

中古の区分マンションから始めましたが、不動産会社から聞く用語はチンプンカンプン。「築古」「築浅」もわからず、これはマズイなと勉強をし始め、3年目で中古の一棟マンションを購入。その後は、新築のアパートやマンション、地方の一戸建て、海外の区分マンションなど、あらゆる種類の物件に投資し、現在は年間1億5000万円の家賃収入を得ています。43歳で最初の物件を購入し、48歳で会社を辞めました。

「不動産投資を成功させるには、どうしたらいいのですか?」いろいろな人に聞かれますが、その答えは一つ。不動産投資を「投資」ではなく「事業」として考えることです。不動産ビジネスの基本理念を知っている人は、成功しますし、失敗している人は、それを知らないだけ。ですから不動産ビジネスのノウハウを身につければ、不動産事業を軌道にのせることは、そう難しいことではありません。

ここ数年のコロナ禍で、不動産投資がブームになっています。明日は何が起こるかわからない、将来のために備えておきたい、そう考えた多くの人たちによって、不動産投資が人

気の投資の一つになったのです。

　しかし有名大家さんと同じようにやれば成功できると、勉強もせずにスタートしている人も多く、その結果、悪徳不動産会社にだまされたり、マージン狙いのキラキラ大家さんにくいものにされたりして、決していいとはいえない物件を手に入れている人がいるのも現実です。

　デッドクロスとは何か、キャッシュフローの計算方法とは、不動産投資を始めるなら、そういった基礎知識をまず身につけることが何よりも大事です。

　この本では、全くの初心者の誰もが抱く不動産投資の疑問に私、アユカワタカヲがお答えするつくりになっています。見るだけでわかる図版もふんだんに入っています。CHAPTER 1から順を追って読んでいけば、不動産投資の流れが理解できて、基礎知識が自然に身につきます。ぜひ一読してみてください。そのうえで先輩大家さん、不動産会社や金融機関の人など、いろいろな人と話をし、その知識に肉付けし、最終的に自分がどういう不動産投資をしていくか、その方針をかためていくとよいと思います。

　不動産は「事業」というと、難しく聞こえますが、不動産は事業だからこそ楽しい。投資は自分でコントロールできませんが、事業はコントロールできるから楽しいのです。その中でも物件探しが楽しいのか、収支計算が楽しいのか、リフォームが楽しいのか……、この本の中で、あなたにとっての不動産投資の楽しさを見つけてください。

日本一わかりやすい！**見るだけ不動産投資58**

CONTENTS

CHAPTER **1** 不動産投資は
楽しい！！

CHAPTER 2

物件は
どうやって探す？

CHAPTER 3
どうやって 金融機関から お金を借りるの?

CHAPTER 4

いよいよ
大家さん！
物件管理の肝

本書の登場人物

アユカワ タカヲ

この本の著者。元サラリーマンで48歳でFIRE達成。国内外に10棟、150部屋を所有し、年間家賃収入1億5000万円の現役大家。

サンくん

20代サラリーマン。不動産投資の勉強はこれからだけど、自己資金を増やすために貯金をスタート。10年後にFIRE達成を目指す。

ライズさん

40代サラリーマン。コロナショックで先行きに不安を感じて不動産投資に興味を持つ。NISAやiDeCoは、すでに始めている。

パブ夫妻

50代自営業夫婦。親の代から続く会社を継承し、夫婦で経営してきたが、もらえる年金は少ない。老後資金の足しに不動産がほしい。

CHAPTER **1**

不動産投資は
楽しい！！

不動産投資に
興味があるけれど、
うまくいくかどうか不安です

不動産投資は投資というより
事業なので、
本気で取り組めば、
結果はついてきます

事業なら、
なおさら難しいのでは？

事業だからこそ、
お金も借りられるし
節税もできるんです！

いろいろな投資が
ありますが、
どう選べばよいですか？

自分がやってみて
楽しく続けられる投資を
選びましょう

　不動産投資の話をする前に、基本として身につけたいマネーリテラシーについてお話しさせてください。

　お金のフィールドは「稼ぐ」「貯蓄」「投資」「維持」「分配」の5つ。一般的にサラリーマンは稼いだら、すぐに貯蓄を考えますが、最近は投資傾向が強まっています。さらに適切なポートフォリオで維持し、最終的に寄付という形で分配します。ここでは、3つ目の「投資」の話をしていきます。

お金の5つのフィールド

1
稼ぐ

本業で
お金を稼ぐということ

2
貯蓄

稼いだお金を
貯めていく

3
投資

貯めたお金を
増やす

4
維持

増やしたお金を
減らさないようにする

5
分配

次の世代に
寄付、還元する

いろいろな投資商品があります！

株式投資
企業が発行する「株式」を買うと、株主になれる。売却益としてキャピタルゲイン、株主優待や配当金でインカムゲインが得られる。

外貨投資
外国の通貨を売買して利益を得る。「外貨預金」と「外国為替保証金取引（外貨ＦＸ）」がある。「外貨FX」では売却益でキャピタルゲイン、スワップポイントでインカムゲインが得られる。

商品
「金」「ガソリン」「とうもろこし」などの商品に投資。売却益でキャピタルゲインが得られるが、インカムゲインはなし。

債券
国、地方自治体、企業が発行する証券を購入。クーポンレートでキャピタルゲイン、利子でインカムゲインが得られる。

投資信託
一般の投資家から集めたお金を専門家が資産運用し、その損益を分配。売却益でキャピタルゲインが得られる。種類によってはインカムゲインも得られる。

不動産
アパートやマンションを購入して賃料を得る。売却益でキャピタルゲイン、家賃収入でインカムゲインが得られる。

各投資で得られるキャピタル・インカム

投資の種類	キャピタルゲイン	インカムゲイン
株式投資	◎売却益（売却損）	△株主優待・配当金
外貨FX	◎売却益（売却損）	○スワップポイント
商品	○売却益（売却損）	×
債券	○クーポンレート	△利子
投資信託	○売却益（売却損）	△投資信託の種類による
不動産	○売却益（売却損）	◎家賃収入

不動産投資はキャピタルゲインと インカムゲインの両方が得られる!

　株式、外貨投資、商品、債券、投資信託、不動産など投資商品はさまざまですが、それぞれに魅力があります。どの投資を行えばいいのか。大事なのは、やって楽しいことをやることです。なぜなら投資には失敗がつきものなので、楽しくない投資を始めて失敗したら、もう二度と投資なんてこりごりだと思ってしまうからです。私は不動産投資がすごく楽しいので、いまだに続けています。私が不動産投資を好きな理由の一つが「キャピタルゲイン」と「インカムゲイン」をバランスよく得られることです。キャピタルゲインとは、資産の値上がりで得られる収入、インカムゲインは資産を保有することで得られる収入を指しますが、この両方を得られるのが不動産投資なのです。

　また投資する商品は「金融資産」か「実物資産」か、この2つの観点からも分類できます。金融資産は株式投資や投資信託、外貨、債券、暗号資産など。実物資産は不動産をはじめ、太陽光発電、金(ゴールド)、プラチナ、ワイン、アート、アンティークコイン、ロレックス……。

　ただし、今のように先行き不安定な時代になると、実物資産が注目されます。実物資産は、流動性や取引コストといった面で金融市場とは異なる価値基準を持っているため、金融市場が不安定になっても強いからです。だからこそ、まずは失敗しない資産運用を目指すなら、実物資産からスタートするのがおすすめといえるのです。

不動産投資は
関わる全員が勝てるって
本当ですか？

はい、不動産投資は
プラスサム投資だからです

　投資の世界には「ゼロサム」と「プラスサム」という2種類の考え方がありますが、不動産投資はプラスサムであるのもメリットです。

　そもそもゼロサムは、同じフィールド内で互いが戦うため、全員が勝つことはありません。FXや短期の株式投資がそれです。一方、プラスサムは外からお金が入ってくるため、全員が勝つことができます。これこそ不動産投資の世界なのです。

ゼロサムとプラスサムのしくみ

［ ゼロサム ］

一つのフィールド内にAさん、Bさん、Cさん、D
さんが投資し合う。Aが勝ったら、Bが負ける、C
が勝ったらDが負けるため、全員が勝つことはない。
FXや短期の株式投資はゼロサム。

全員が勝つことはない

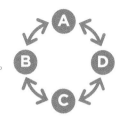

［ プラスサム ］

不動産が典型。Aが不動産会社、Bが投資家、Cが
金融機関、Dが管理会社だとしたら、お金は家賃と
して外から入ってくるため、この中でのお金が増え
続け全員が勝てる。

全員が勝てる!

外からお金が入るので全員が潤う

　なぜ不動産投資はプラスサムになるのか。それは、不動産
投資は、外から家賃という形でお金が入るからです。部屋を
借りてくれる人がいるので、全員が潤うことができる。

　ただし今後は人口が減って、空き家が増えて、もしかする
と今はプラスサムの不動産投資もゼロサムになってしまうか
もしれません。全員が勝てる時代ではなくなり、やる気のあ
る大家さんが、やる気のない大家さんからどんどん入居者を
奪っていく。大家同士の戦いが始まる可能性もあるのです。

不動産投資は 「投資？」「ビジネス？」

不動産は「投資」ではなく 手堅い「ビジネス」と 考えて下さい

　お金を生み出す基本的な考え方は『金持ち父さんのキャッシュフロー・クワドラント』（ロバート・キヨサキ著）という本にくわしく書かれています。

　そもそもキャッシュフローとは、収入から支出を差し引いて手元に残る現金の流れのこと。不動産投資におけるキャッシュフローは、家賃収入からローン返済や経費などを差し引いて手元に残る現金の流れを指します。

キャッシュフロー・クワドラントとは?

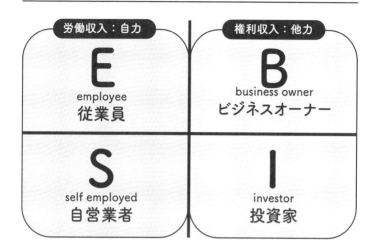

労働収入：自力	権利収入：他力
E employee 従業員	**B** business owner ビジネスオーナー
S self employed 自営業者	**I** investor 投資家

不動産投資は
他人の力でお金を得ることができる

　上の表は、お金をどこで得ているかを4つに分類したもの。サラリーマンは左上の「E」で、employee（従業員）。自分が会社で稼ぐレベルです。事業をしている人は左下の「S」でself employed（自営業者）。左側2つは自力で収入を得る労働収入です。右上の「B」はbusiness owner（ビジネスオーナー）、右下の「I」はinvestor（投資家）で、右側2つは他人の力でお金を得る権利収入です。

　ちなみに不動産投資は「I」と「B」の両方が含まれるポジションになります。特に今後の日本で不動産投資を実践する場合は、「B」を意識することが大切です。

4
失敗する投資もある

投資に失敗したら
どうしよう……

私もいっぱい
失敗しています

　投資に失敗はつきものですが私自身、株式投資やＦＸ、新規ビジネスへの投資など、たくさん失敗をしてきました。損した金額を合計すると１億にのぼります。

　失敗を通して学んだことは、自分でコントロールできないことはダメということ。その点、不動産投資は良くも悪くも自分でコントロールできますし、何よりも投資ではなく事業なので、自分が本気で取り組めば、結果は必ずついてきます。

アユカワの失敗

①	国内優良企業の株式投資	500万円
②	FX	累計50万円
③	ジェット機ビジネス	100万円
④	積立型海外不動産投資	2000万円
⑤	未来型墓地ビジネス	30万円
⑥	未来型ITプラットフォームビジネス	200万円
⑦	暗号資産マイニング	300万円
⑧	複数の暗号通貨による為替取引	7000万円
⑨	未来型ECサイトビジネス	300万円
⑩	オンラインカジノ	40万円

合計 1億520万円

損した金額は、なんと1億円以上!

①は株主優待券狙いでしたが、会社の破綻で紙切れに。②は、片手間にやっても勝てず。③ジェット機ビジネス ⑤未来型墓地ビジネス ⑥未来型ITプラットフォームビジネス ⑨未来型ECサイトビジネスは、どれもストップしました。新規事業の成功確率は極めて低いと実感。④積立型海外不動産投資もダメ、海外では何が起きても追えません。⑦暗号資産マイニング ⑧複数の暗号通貨による為替取引でも大失敗。億り人になったのは初期の一部の人だけ。損失を埋めようと、⑩オンラインカジノに手を出しましたが、結局損しました。

自己資金がほとんど
無いんですが……

自己資金が少なくても
レバレッジ効果を出せるのが
不動産投資です

　金融機関は、株式や投資信託に投資するお金は貸してくれませんが、不動産投資のためなら、お金を貸してくれます。つまり不動産投資は、融資を受けて投資を始められます。

　不動産投資は事業ですから、そのビジネスの将来性に対して金融機関がお金を貸してくれるという側面があります。ここが不動産投資が他の投資と異なる点です。

レバレッジ効果で高額な物件を買える！

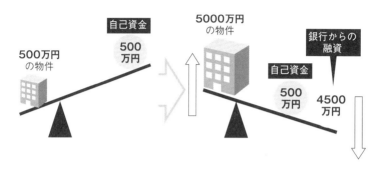

自己資金500万円でも、それを元手に銀行から4500万円借りて、5000万円の物件を買える。

お金を借りて始められるのが不動産投資の魅力

　レバレッジ効果とは、購入する物件を担保に差し出すことで、金融機関から自己資金の何倍ものお金を借りられること。いわゆる「てこの原理」です。たとえば自己資金が500万円とします。500万円の物件を買って利回り10％なら、年に50万円が入ります。一方、500万円の自己資金を元手に、金融機関から4500万円借りて、5000万円の物件を手に入れれば、同じ利回り10％だと、10倍の500万円が入ってくるのです。かつて私がサラリーマンでありながら、不動産を所有できたのは、銀行から融資を受けることができたから。やはりお金を借りられるのは、不動産投資の大きな魅力なのです。

> **不動産投資が事業なら
> どうやって
> 利益を得るのでしょうか**

3つの方法があります

　不動産投資で得られる利益は3つ。一つ目は「税引き後キャッシュフロー」です。そもそも不動産賃貸業で月々に得られる利益は、家賃収入からローン返済や経費などを差し引いて手元に残った「税引き前キャッシュフロー」です。しかし毎月1万円残って年間12万円もうかったと喜ぶのは早計。ここから税金を引いて残った税引き後キャッシュフローが、本来の利益になるからです。これが「インカムゲイン」です。

不動産投資で利益を得る3つの方法

1 税引き後キャッシュフロー
（インカムゲイン）

「税引き前キャッシュフロー」から、税金を引いて最終的に手元に残ったお金。

2 売ったときの売却益
（キャピタルゲイン）

安く買って高く売ると、利益が多くとれる。バブル時代のスタンダードな方法。

3 減っていく残債

借りたお金を返済し、残債が減るほど、不動産に貯金していると考えられる。

バブル時代はキャピタルゲインがメイン 今はインカムゲインを目指そう

　二つ目の利益は将来、物件を売ったときに得られる売却益。これが「キャピタルゲイン」です。かつてバブルの時代は、この売却益が利益を得る方法としてスタンダードで、みんながキャピタルゲインを求めていました。しかし、これからの時代、キャピタルゲインはおまけで、しっかりとインカムゲインを目指すことが大切です。

　三つ目の利益が「減っていく残債」です。毎月、家賃収入を得て、残債が減っていくことは、不動産に貯金しているようなもの。ある意味、利益といえます。残債が減ることで、借金が減って利益が増えたと喜びを感じてほしいですね。

所得税を節税できる不動産投資

不動産投資で
節税できるって本当？

　所得税を節税できます

　株式投資やFXは利益が出たら、その利益に対して税金がかかりますが、不動産投資の場合は、家賃収入はサラリーマンの給与所得と合算して、その利益に対して所得税と住民税が決まります。

　そもそも不動産投資は、管理費や修繕積立金、火災保険料、借入金の利息部分、減価償却費、物件を見に行く交通費など、さまざまな経費を使うので、その経費分を不動産所得から差し引くことができます。

不動産投資で節税できる！

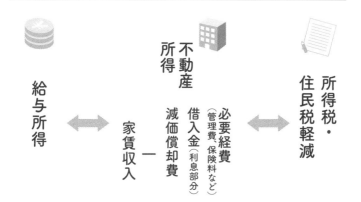

家賃収入から必要経費などを引いたものが不動産所得。給与所得と合算できるので、経費が増えたら、その分節税できる。

不動産所得がマイナスになれば税金が減る!?

　不動産所得は、経費を多く計上することでマイナスにすることができます。マイナスになった不動産所得は、給与所得と合算できるので、最終的に支払う所得税が安くなる可能性があります。ですからサラリーマンの方は、翌年に確定申告をすることで、払いすぎた税金を取り戻すことができます。

　とはいえ、あまり極端な節税をすると、金融機関は次に融資をしてくれなくなります。金融機関は、きちんと税金を支払っている人に対して融資するものです。いずれＦＩＲＥしたい、これから物件を増やしたいと考えている人は、節税は避けて、しっかり黒字にしたほうがよいです。

不動産投資を始めるために必要なマインド

> # 不動産投資を始めるにあたって大切な心構えとは?

> ## 不動産を好きになることがいちばん大切です

　ここで紹介するのは、不動産投資を始めるにあたり「こんな気持ちになってほしい」という私からのメッセージです。

　いちばん大切なのは、一つ目の「不動産を好きになる」こと。物件を見に行くのが好きとか、物件を見た帰り道に街を歩くのが好きとか、不動産全般を好きになることが、不動産投資成功の大きなポイントです。嫌々やっていたら、成功には程遠いということです。

不動産投資に大切な最初の5つのマインド

1

不動産を
好きになる

2

人を
好きになる

3

融資を
こわがらない

4

投資ではなく
事業と
認識する

5

最終的には
自己責任、
自己判断
で行う

不動産投資のローンは自分ではなく 入居者が返すと理解する

　二つ目は「人を好きになる」。不動産投資は個人戦ではなく団体戦です。多くの仲間をつくり、みんなで協力し合ってウィンウィンで勝っていく事業なので、人づきあいが下手、コミュニケーションが苦手という人は、まずそのスキルを伸ばすことが重要になります。

　三つ目は「融資をこわがらない」。そもそも不動産投資のローンは自分で返すのではなく、家賃で返す、つまり入居者が返すということを理解しましょう。住宅ローンは自分の給料から返すので、どちらかというと、住宅ローンのほうがこわい……。もちろん住宅ローンで物件を買うことは、資産作りになりますが、お金を生まないものを買ってしまうという意味では、住宅ローンは負債になると知っておきましょう。でもお金を借りて賃貸不動産を手に入れることは、お金を借りて、お金（家賃）が入っているということなのです。

　さらにいうと、サラリーマンの最大の特権が、お金を借りることができることです。与信枠というお金を借りられる幅が、自営業者よりもサラリーマンや国家公務員のほうがより広いのです。一般的に年収の10倍から20倍借りられるので、サラリーマンの方は、その強みをぜひ生かして、不動産投資をしてほしいですね。現金買いで行う方法もありますが、やはり融資を使い、レバレッジを利かせることで短期間に資産を大きく拡大できるのは、不動産投資の特徴であり、メリットです。ぜひ融資を賢く使ってください。

人のせいにしない
最後まで自分の責任で行いましょう

　四つ目が「投資ではなく事業と認識する」。自分は経営者として賃貸業を、どうコントロールしていくか、不動産会社や管理会社といったビジネスパートナーと、どうつながっていくか、ということを意識しましょう。投資だからといって賃貸した物件をほったらかしにして、最後に利益が出たらいいなという考え方ではダメです。

　大事なことは、自己責任、自己判断で行うこと。不動産会社に言われたから買った、管理会社に言われたとおりにリフォームしたけれど客付ができないとか、人のせいにするのはNG。いくら周りに言われても最終判断を下すのは自分ですから、自分の責任で行いましょう。これが五つ目に大切な「最終的には自己責任、自己判断で行う」ということです。

　自己責任、自己判断は、人のせいにできない反面、自分でコントロールできるよさがあります。これこそが不動産投資の醍醐味です。POINT 4でお話しした国内優良企業の株が紙切れになるときは、私は何もできませんでした。しかし、たとえば私の持っているアパートで殺人事件が起き、入居者全員が退去した、そんな最悪のケースでも、私は自分のアイディア次第でリフォームをして、家賃が安ければ事故物件でも構わないという方に貸し出す。あるいは一度アパートを壊して新しく建てるなど、リカバーすることが可能です。

　ぜひ、この5つのマインドを大切にして、不動産投資にトライしてください。

不動産投資に向いているか? 10のチェックテスト

> **不動産投資で
> 成功できる人って
> どんな人ですか?**

> 次の10個の質問に
> 答えてください

　あなたが不動産投資に成功できるかどうかは、次の10個の質問でチェックすることができます。

　そもそも不動産投資とは、社会貢献事業です。自分の物件に住んでいただいた方の生活がハッピーになって、家賃をいただくことなので、家賃収入は次の入居者に還元する。こうした意識を持ちましょう。質問に「はい」と答えた数が多い人ほど、成功する確率が高くなります。

あなたは不動産投資で成功できる？

「はい」 の数を数えてください

「はい」 ✓

問1	10年後、どうなっていたいか言える	☐
問2	人と会うのが好きだ	☐
問3	本を読んだり、セミナーに行くのが好きだ	☐
問4	自分はのんびり屋さんだ	☐
問5	これまで即決即断したことがある	☐
問6	自分は他人よりも優れたものを持っている	☐
問7	銀座より下町が好きだ	☐
問8	個人情報は漏れても仕方ないと思う	☐
問9	大好きな趣味がある	☐
問10	人をおもてなしするのが好きだ	☐

「はい」 ☑ の数は （　　　　）個

診断結果は次ページで

CHAPTER 1
不動産投資は楽しい !!

「はい」 ☑ の数が

8〜10個の方

あなたは家賃収入1億円を超える
メガ大家さんになれるかも

5〜7個の方

区分マンション数戸の
大家になれるかも

自分の得意分野を不動産投資に 活かすとうまくいく！

　一つずつ解説していきます。

　問1は不動産投資の目標がしっかり決まっているかどうか。

　問2は、POINT 8でお話ししたとおり、不動産投資にはコミュニケーション能力が求められるということ。

　問3は不動産投資は時代に合わせて知識をつけてやっていくものなので、覚悟を決めて勉強をしていきましょう。

　問4について。不動産投資は長期にわたる事業で、その間に災害や事件などが起こる可能性もあるため、何があっても慌てず、のんびりかまえてやろうと思える人のほうが成功する可能性は高いです。一方、不動産投資はよい物件が見つかったら即決即断が必要ですので、問5の要素も重要です。

3〜4個の方

他の投資にチャレンジしてください

0〜2個の方

本業を頑張りましょう！

「はい」が多いほど
大家さんに向いている！

　問6は、実は誰もが必ず優れたものを持っているので、これを不動産投資に活かしましょうということ。私は企画を考えるのが好きなので、この企画力を不動産投資に活かしたいと思っています。

　問7は無駄遣いをやめましょうということ。設備の修理代など突発的にかかるお金があります。貯蓄力が必要です。

　問8について、不動産の世界は個人情報はダダ漏れなものです。そんなものだと思っておかないと、反対に情報は集まりません。

　問9は趣味があれば、空室や事故などマイナスな局面にあっても、うまく気分転換できます。

　問10は、不動産投資こそ社会貢献事業というおもてなし業だという意味。入居者の人生をつくっている、そういう意識で不動産投資をすることが大切なのです。

不動産賃貸業って
やっぱり大変ですか…？

あなたの本気度を
10の質問でチェックします！

　改めて、あなたの不動産投資に対する本気度をチェックしていきましょう。つまり一生の仕事として、不動産賃貸業を本気でやっていく覚悟があるかどうかを診断していきます。

　たとえば、右の地方中古一棟マンションに投資してみたいと考えたとします。うまくいけば1000万円超のキャッシュフローが手に入ります。40ページの10の質問に「はい」か「いいえ」で答えてみてください。

あなたの本気度をチェック！

まずはこの物件を見てください

購入価格	1億円（自己資金2000万円）
利回り	15％
年間家賃	1500万円
年間ローン返済	486万円 （8000万　2％　20年ローン）

毎年のキャッシュフロー　　1014万円

次ページの10の質問に答えましょう！

あなたの本気度チェックテスト　10の質問

問1　この物件の積算評価、
　　　収益還元評価がいくらかわかっている

問2　この物件のデッドクロスの時期を把握している

問3　この物件の今後の大規模修繕計画を立てている

問4　その大規模修繕の費用が確保されている

問5　地域の都市計画を調査している

問6　何かあれば、すぐに物件にかけつけられる

問7　地元の客付業者、リフォーム会社とパイプがある

問8　自らリフォームの知識がある

問9　滞納・孤独死・夜逃げされたときに対応できる

問10　出口を想定している

⬇

「はい」が10個なかった人は
絶対に手を出さないでください！

質問をすべて理解できるなら 一棟ものに投資してもOK

　1から10まで質問に答えましたか。この物件に投資していい方は、この質問すべてに「はい」と答えられた人だけ。

　一つでも「いいえ」があった人は、絶対に手を出さないでください。単に「不動産投資に興味がある」程度であれば、おそらく「はい」は2つぐらいかもしれません。

　これら10の質問は、地方の古い一棟ものの賃貸業をするために必要になる知識です。積算評価、収益還元評価、デッドクロスといった専門用語を知っているのはもちろん、その内容までしっかりと理解していることが大事です。それだけでなく地元の不動産会社とパイプがあること、トラブル時に対応がとれること、出口を想定できることなどもポイントです。

　ですから、この質問をすべて理解して、自分でコントロールできるようになったら、地方の高利回りの一棟ものを行うのはOK。そうすれば年間1000万円を超える家賃収入が手に入り、FIREも可能になるでしょう。それぐらい不動産賃貸業というのは大変なのです。それでもチャレンジしたい人は、しっかり勉強して知識をつけてほしいと思います。

　ただ47ページのCASE 2のような中古区分マンションであれば、そこまで勉強しなくてもできますから、まずこういった物件を購入し、実体験を積みながら、勉強していってもいいと思います。私自身、中古区分マンションから不動産投資を始め、そこから少しずつ知識を積み上げて、2年後に一棟ものに移っていったのです。いずれも勉強は大事です！

不動産投資に重要な5つの数字

> # 不動産投資には
> # ややこしい数字が
> # たくさん出て嫌に
> # なってしまいます

> まずは5つの数字を
> 覚えましょう！

　不動産投資には大切な数字がたくさん出てきますが、基本となるのは「表面利回り」「実質利回り」「税引き前キャッシュフロー」「ＲＯＩ（Return On Investment）」「返済比率」の5つの数字です。

　物件を検討するときには、必ずこの数字をチェックするようにしましょう。次ページで実際に私の持っている区分ワンルームマンションで説明しましょう。

5つの大事な数字

表面利回り

年間の家賃収入を購入金額で
割って100倍したもの

実質利回り

年間の手取り家賃収入を購入価
格で割って100倍したもの

税引き前
キャッシュフロー

年間の家賃収入から経費、ロー
ン返済、固定資産税などを引い
たもの

ROI
（Return On Investment）

投資運用率。高いほどリスクが
高い

返済比率

月々の家賃収入に対する月々の
返済の割合

区分ワンルームマンション　A赤坂の場合

購入価格 **2030万円**（平成14年3月築　RC構造12階建て3階部分
55戸　1K／23.16㎡）

【融資条件】

自己資金	330万円
ローン額	1700万円
金利	2.712%
返済期間	30年
月々の返済額	6万8629円－①

【月々手取り家賃】

家賃	11万7000円－②
管理費	9200円 ┐
修繕積立金	8800円 ③
管理委託手数料	3600円 ┘
手取り家賃（②－③）	9万5400円－④

【月々の収支】④ － ① ＝ 2万6771円

【年間の収支】2万6771円 × 12カ月 ＝ 32万1252円
32万1252円 － 6万9100円 ＝ 25万2152円
（固定資産税）

> 税引き前キャッシュフロー

【初期投資】

330万円 ＋ 52万4135円 ＋ 18万7100円 ＝ 401万1235円
（自己資金）　　（諸経費）　　（不動産取得税）

【表面利回り】（11万7000円×12カ月）÷2030万円×100＝ **6.91%**
年間の家賃収入　　　購入価格

【実質利回り】（9万5400円×12カ月）÷2030万円×100＝ **5.64%**
年間の手取り家賃　　　購入価格

【税引き前キャッシュフロー】 25万2152円

【ROI】25万2152円÷401万1235円×100＝ **6.28%**
税引き前キャッシュフロー　　初期投資額

【返済比率】 6万8629円÷11万7000円×100＝ **58.6%**
月々の返済額　　　家賃

5つの数字をおさえることで 大失敗を防ぐことができる!

「表面利回り」から説明しましょう。この物件でいくと、年間の家賃収入を購入価格で割って100倍すると、6.91%となります。年間の手取り家賃を購入価格で割って100倍すると、出てくるのが「実質利回り」。この物件だと5.64%になります。

実質利回りは諸経費を引く分、表面利回りよりも数字は下がりますが、この諸経費をどこまで加味するかによって数字は変わってきます。一般的に区分の場合、ローン返済を加味しませんが、一棟ものは加味します。

利回りは時代や物件によって変わり、2023年7月現在なら、首都圏の中古アパートで表面利回り5～6%、地方の古い物件なら表面利回り10～15%程度。

「税引き前キャッシュフロー」は、固定資産税を支払った上で年間で手元に残る現金です。「ROI」とは投資運用率のこと。税引き前キャッシュフローを初期投資額で割って100倍した数字で、ここでは6.28%。400万円を銀行に預けても金利は0.01%ですが、同額でマンションを買ったことで6.28%で運用できることに。数字が高いほど投資効率は上がりますが、その分リスクも高くなります。正解の数字はありませんが、だいたい6%から10%までが許容範囲です。

「返済比率」というのは家賃収入に対して、月々の返済の割合をあらわしたもの。返済比率は、なるべく低いほうがよく、40～50%が理想です。

物件別キャッシュフロー

自分に合った物件って
どんなものでしょうか？

 目標、属性、本気度で
異なります！

　不動産投資は区分か一棟か、マンションか戸建てか種類に
よって方法も入るお金も違います。またどんな物件を選ぶか
は目標、属性、本気度で変わってきます。

　目標とは何歳までに、いくらのキャッシュフローがほしい
か。属性は年収がどれぐらいか。自己資金はどれぐらいある
か。ローンを組むには最低400万円の年収が必要です。本気
度は、POINT 10で解説した通りです。

物件別キャッシュフロー例

CASE 1	CASE 2	CASE 3
都内新築 区分マンション	都内築浅中古 区分マンション	首都圏築古中古 区分マンション

CASE 1		CASE 2		CASE 3	
購入価格	3500万円 (自己資金0円)	購入価格	2000万円 (自己資金0円)	購入価格	1000万円 (自己資金0円)
利回り	3.5%	利回り	4.5%	利回り	10%
年間家賃	123万円	年間家賃	90万円	年間家賃	100万円
ローン返済	155万円 (3500万 2% 30年ローン)	ローン返済	80万円 (2000万 2% 35年ローン)	ローン返済	60万円 (1000万 2% 20年ローン)
毎年のキャッシュフロー −32万円		毎年のキャッシュフロー 10万円		毎年のキャッシュフロー 40万円	

FIREしたいならどの物件を買うべきか

　CASE 1は、基本はフルローンで買えます。家賃収入は年間123万円ですが、毎年のキャッシュフローは−32万円。高属性で所得税や相続税を圧縮したい人向きです。CASE 2は、中古で、築浅とは築10年から20年ぐらい。年間のキャッシュフローが10万円、月々1万円弱なので、FIREしたい人は無理ですが、ここから始めて勉強していくのはあり。CASE 3は、年間のキャッシュフローが40万円。5年後の

	CASE 4		CASE 5		CASE 6
	都内中古 一棟マンション		首都圏新築 マンション		地方中古 アパート

	CASE 4 都内中古一棟マンション	CASE 5 首都圏新築マンション	CASE 6 地方中古アパート
購入価格	1億5000万円 (自己資金3000万円)	1億円 (自己資金2000万円)	4300万円 (自己資金860万円)
利回り	6%	6%	12%
年間家賃	900万円	600万円	516万円
ローン返済	543万円 (1億2000万 1% 25年ローン)	309万円 (8000万 1% 30年ローン)	261万円 (3440万 2% 20年ローン)
毎年のキャッシュフロー	357万円	291万円	255万円

目標が年間200万円なら、1年に一つずつ買えば目標が達成できます。

　CASE 4は一棟ものですが、2023年7月現在では一棟ものでフルローンは組めません。1〜2割の自己資金が必要です。年間キャッシュフローは357万円ですから、年間700万円でFIREしたいなら、この物件を2つ買えばOK。CASE 5も自己資金が必要。年間キャッシュフローは291万円ですが、新築は入居者が決まりやすく、10年間の保証つきというメリットもあります。ただし10年経ったら、修繕の手間がかかることを頭に入れておきましょう。CASE 6の地方中古アパートは、値段も手ごろで利回りもいい。自己資金2割を入れて4300万円の物件を買うと、年間255万円のキャッシュフローが入ってきます。こういう物件を一年ごとに買い増し

CASE 7	CASE 8	CASE 9
地方中古一棟マンション	地方築古戸建て	海外不動産（マレーシア・区分）

	CASE 7		CASE 8		CASE 9
購入価格	1億円（自己資金2000万円）	購入価格	300万円（自己資金300万円）	購入価格	1500万円（自己資金150万円）
利回り	15%	利回り	20%	利回り	3%
年間家賃	1500万円	年間家賃	60万円	年間家賃	45万円
ローン返済	486万円（8000万 2% 20年ローン）	ローン返済	なし	ローン返済	107万円（1350万 5% 20年ローン）
毎年のキャッシュフロー	1014万円	毎年のキャッシュフロー	60万円	毎年のキャッシュフロー	−62万円

ていくと、700万円のキャッシュフローに到達します。ただし地方なので、空室率が高くなる恐れが。

　CASE 7はPOINT 10でも取り上げました。キャッシュフローは年間1014万円。1000万円超です。ただし、この物件を運営するには相当の覚悟と知識が必要です。CASE 8は、いわゆる古民家。購入価格が300万円とすると、利回り20%。物件が古くローンは組めないので、現金買いが基本ですが、家賃収入60万円はそのままキャッシュフローに。CASE 9は番外編でマレーシアの区分マンション。私の物件です。自己資金を1割入れて、現地の銀行でお金を借りて購入しましたが、毎年のキャッシュフローは−62万円。ただし今なら2000万円ぐらいで売れます。マレーシアなど新興国は値上がりしていきますからキャピタルゲイン狙いです。

不動産投資は
税金の計算が
難しそう……!!

キャッシュフローの構造を
理解しておけば簡単です

　不動産を賃貸すると、家賃収入が入ります。そこから経費を引いてローンを返済し、手元に残ったお金をキャッシュフローと言います。たとえば10万円の家賃が入ってきたら、経費や返済で残った２万円がキャッシュフローということです。

　ただし、そこに税金がからむと計算がややこしくなりますが、その税金の計算を頭に入れておかないと、不動産投資は失敗する可能性があります。くわしくご説明しましょう。

不動産の利益って?

Ⓐ〔帳簿上の利益〕

家賃収入 ー 必要経費（管理費、修繕積立金、固定資産税など） ー 減価償却費 ー 返済利子（金利） ＝ 帳簿上の利益 Ⓐ

Ⓐに対して所得税、住民税が決まってきます

Ⓑ〔税引き後キャッシュフロー〕

帳簿上の利益 Ⓐ ー 所得税住民税（累進課税） ー 返済元本（元金） ＋ 減価償却費 ＝ 税引き後キャッシュフロー Ⓑ

が決まります

手元の現金が減らないのに経費になる
減価償却
手元の現金が減るのに経費にならない
元本

キャッシュフローの構造

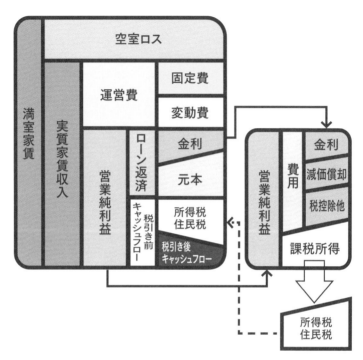

家賃収入から経費を引いて、ローン返済したら税引き前ＣＦ（キャッシュフロー）に。ローン返済のうち金利は経費になるため、純利益から経費や控除を引いたものに、所得税や住民税が課せられて、これを引き元本を引いて減価償却費を足すと税引き後ＣＦ（キャッシュフロー）が計算できます。

毎年経費に計上できる 減価償却費がポイントに

　税金を計算する場合は、まず家賃収入から必要経費を引き、そこから減価償却費を引きます。減価償却とは、時間の経過とともに減る資産の価値を耐用年数に応じて事業年度ごとの費用として配分すること。たとえば2000万円の建物が20年で償却なら、2000万円を20年で割り、毎年100万円を減価償却費として引いていくということです。

　次に毎月返済している金利を引きます。これが帳簿上の利益で、これに対して所得税や住民税といった税金が決まります。税金を引き、さらに実際になくなるお金として元本の返済も引き、最後に減価償却費を足し込みます。減価償却費は買ったときにすでに払っていて実際、毎年払っているわけではないからです。これが「税引き後キャッシュフロー」。

　冒頭に説明した家賃10万円から経費と返済を引いて２万円残ったというのは、税金を考える前のキャッシュフロー、いわゆる「税引き前キャッシュフロー」です。

　ポイントは減価償却費です。手元の現金が減らないのに経費になるので「うれしいうれしい減価償却費」ですが、手元の現金が減るのに経費にならないのが元本で「いやないやな元本」です。減価償却費と元本、この２つが存在するとねじれ現象が起きてきます。つまり減価償却費は毎年償却して右肩下がりになりますが元本の返済は右肩上がり。そうするとこの二つがどこかでクロスするわけですが、これを不動産投資では「デッドクロス」といいます。くわしくは次ページへ。

「デッドクロス」とは
いったい何ですか？

不動産投資で
最も注意すべき
ポイントです

「デッドクロス」とは、非常にこわい現象です。たとえば税引き後キャッシュフローが、1年目は20万円、2年目は18万円、3年目は15万円、4年目は10万円、5年目に突然マイナス10万円になる。つまり最初は減価償却費を経費として多く計上できたので、税金を払わなくてもよかった。

年が経つと減価償却費が減り、元本返済が増え、税金が増えることで手元にお金がなくなる。これがデッドクロスです。

デッドクロスとは

例）

建築費	1億円	減価償却		
借入金	1億円		償却可能額	償却方法 法定耐用年数 残存価格
借入期間	35年（元利均等）	建物	建築工事費の70%	定額法　47年　0%
金利	2.5%	設備	建築工事費の30%	定額法　15年　0%

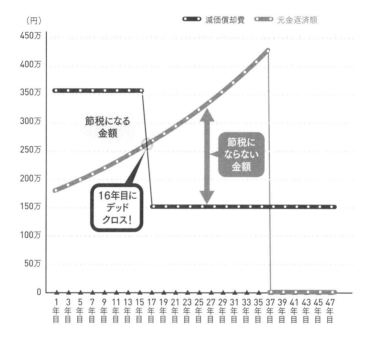

	1年目	2年目	3年目	15年目	16年目	17年目
減価償却費	350	350	350	150	150	150
元金返済額	181,1	185,6	190,3	256,8	263,3	270,0

（単位：万円）

減価償却と元本返済が交わるデッドクロス

　前ページの表では、元金の返済は右肩上がりですが、減価償却費はずっと横ばいで、16年目にストンと落ちて、また横ばいになっています。デッドクロスは16年目に起きています。これ以降は、計上できる経費が少なく、その分税金を多く支払わなければならないということです。

　デッドクロスを防ぐ方法は、いくつかあります。まず毎年出る税引き後キャッシュフローを残しておくこと。また16年目にもう一つ物件を買う。さらにどんどん物件を買って、トータルでの減価償却費を増やしていく方法もあります。またデッドクロスの前に物件を売却して、新しい物件に入れ替えるのも対策のひとつです。

　私が作った収支シミュレーションソフト「Eiichi君」で、簡易的にデッドクロスを予測することができます。

　物件概要入力フォームで物件情報や融資情報を入力して、年次別経営計画表の税引後ＣＦ（単年）を確認してください。

　すると次のページでは、26年目から30年目まで、デッドクロスの影響で、税引後ＣＦがマイナスになっていることがわかります。

　実際は減価償却の仕方やその他の経費計上によって変わってきますが、ある程度のデッドクロスの発生時期を予測して対策をとることができます。

Eiichi 君の無料ダウンロードはこちらから

デッドクロスの例

年度	不動産収入（万円）	ローンの返済（万円）	返済（万円）	減価償却費（万円）	支払利息（万円）	繰上前利益（万円）	納税（万円）	税引後CF繰上前（万円）	税引後CF繰上後（万円）	借入残高（万円）	残債利回り（%）	ROI（%）	自己資本回収年数（%）	自己資金移（万円）	キャッシュフロー総ローン額（万円）	売却時ROI（%）	年平均ROI（%）	金利（%）	実質率（%）
比率(%)	100.00	12.75	67.36	19.89	9.62	43.75	23.72	10.17	14.2	5.8	5.8		0.00		-630.0				3.50	100.00
初年度月	60.0	7.7	40.4	11.9	5.8	26.3	14.2	6.1	14.2	5.8	5.8									
1年度	720.0	91.8	485.0	143.2	69.2	312.2	177.2	74.0	178.9	69.2	8,827.3	8.16	10.99	32.07	21.68	-1,871.5	-1,802.3	-386.07	3.50	100.00
2年度	720.0	91.8	485.0	143.2	69.2	306.1	178.9	75.9	186.1	136.6	8,648.4	8.33	10.69	42.15	18.4	-1,692.6	-1,556.0	-346.99	3.50	100.00
3年度	720.0	91.8	485.0	143.2	69.2	299.7	185.2	77.8	185.2	136.6	8,463.2	8.51	10.39	51.90	63.3	-1,507.4	-1,305.3	-307.20	3.50	100.00
4年度	720.0	91.8	485.0	143.2	69.2	293.2	191.8	79.7	191.8	191.8	8,271.4	8.70	10.08	61.32	-29.2	-1,315.6	-1,050.0	-266.67	3.50	100.00
5年度	720.0	91.8	485.0	143.2	69.2	286.3	190.8	81.8	198.6	327.0	8,072.7	8.92	9.75	51.90	63.3	-1,116.9	-790.0	-225.39	3.50	100.00
6年度	720.0	91.8	485.0	143.2	69.2	279.3	195.8	83.9	205.7	386.3	7,867.0	9.15	9.42	61.32	59.3	-911.2	-524.9	-183.32	3.50	100.00
7年度	720.0	91.8	485.0	143.2	69.2	272.0	200.9	86.1	213.0	443.4	7,654.0	9.41	9.07	70.38	57.1	-698.2	-254.8	-140.44	3.50	100.00
8年度	720.0	91.8	485.0	143.2	69.2	264.4	206.2	88.4	220.6	498.3	7,433.4	9.69	8.71	79.09	54.9	-477.6	20.7	-96.72	3.50	100.00
9年度	720.0	91.8	485.0	143.2	69.2	256.5	211.7	90.7	228.4	550.8	7,205.0	9.99	8.33	87.43	52.5	-249.2	301.6	-52.13	3.50	100.00
10年度	720.0	91.8	485.0	143.2	69.2	248.4	217.4	93.2	236.6	600.8	6,968.4	10.33	7.95	95.37	50.1	-12.6	588.2	-6.63	3.50	100.00
11年度	720.0	91.8	485.0	143.2	69.2	240.0	223.3	95.7	245.0	648.4	6,723.4	10.71	7.55	102.92	47.5	232.4	880.7	39.80	3.50	100.00
12年度	720.0	91.8	485.0	143.2	69.2	231.3	229.4	98.3	253.7	693.3	6,469.7	11.13	7.13	110.99	45.0	486.1	1,179.4	87.20	3.50	100.00
13年度	720.0	91.8	485.0	143.2	69.2	222.3	235.7	101.3	262.7	735.5	6,207.0	11.60	6.70	116.75	42.2	748.8	1,484.3	135.40	3.50	100.00
14年度	720.0	91.8	485.0	143.2	69.2	212.9	242.2	103.8	272.1	774.9	5,935.0	12.13	6.26	123.01	39.4	1,020.8	1,795.8	185.04	3.50	100.00
15年度	720.0	91.8	485.0	143.2	69.2	203.2	249.0	106.7	281.7	811.4	5,653.2	12.74	5.80	134.12	36.5	1,302.6	2,114.0	235.56	3.50	100.00
16年度	720.0	91.8	485.0	143.2	69.2	193.2	256.0	109.2	291.8	844.6	5,361.5	13.43	5.33	134.12	33.5	1,584.2	2,439.3	287.18	3.50	100.00
24年度	720.0	91.8	485.0	143.2	69.2	85.4	142.1	221.9	399.6	991.1	2,621.7	27.45	0.84	157.52	-361.7	4,334.6	5,327.1	745.36	31.06	3.50	100.00
25年度	720.0	91.8	485.0	143.2	69.2	71.2	146.3	399.7	413.8	923.2	2,221.6	32.41	0.18	157.50	362.3	4,734.2	5,726.5	808.97	32.36	3.50	100.00
26年度	720.0	91.8	485.0	143.2	69.2	56.4	150.8	981.6	428.5	935.5	1,807.7	39.83	-0.49	157.01	359.1	5,148.1	6,137.2	874.16	33.62	3.50	100.00
27年度	720.0	91.8	485.0	143.2	69.2	41.2	155.3	1,379.2	443.8	969.5	1,379.2	52.20	-1.19	155.81	339.5	5,576.6	6,558.2	940.98	34.85	3.50	100.00
28年度	720.0	91.8	485.0	143.2	69.2	25.6	160.1	981.6	443.8	935.5	935.5	76.97	-1.92	153.89	322.7	6,020.3	6,989.9	1009.50	36.05	3.50	100.00
29年度	720.0	91.8	485.0	143.2	69.2	9.1	165.0	952.7	459.6	1,079.78	475.6	151.29	-2.6	151.22	322.7	6,479.9	7,432.6	1079.78	37.23	3.50	100.00
30年度	720.0	91.8	485.0	143.2	69.2		384.9	930.9	475.9		0	0.00	-3.45	147.77	300.9	6,955.8	7,886.7	1151.86	38.40	3.50	100.00

> # 不動産投資の
> # 流れが知りたいです！

> 大まかには
> 物件選定→融資申込→
> 賃貸管理→売却
> という流れになります

　ここでは不動産投資の全体の流れをご説明します。まず物件を探して、買付を入れます。そして売買契約の成立前後に、金融機関に融資の申し込みを行い、融資が決定すると決済引き渡しになります。大家さんになったら、いよいよ賃貸業がスタートし、家賃が入ってきます。もし退去になると、空室を埋めるために客付＝入居者探しを行います。これの繰り返しで、最後は物件を売却します。

不動産投資の流れ

① 物件選定

② 買い付けを入れる

③ 売買契約

④ 融資申し込み

⑤ 融資決定

⑥ 決済（引き渡し）

⑦ 賃貸管理

⑧ 家賃入金

⑨ 空室

⑩ 客付

⑪ 売却

物件の探し方

1

不動産投資用の
サイトで探す

『健美家』『楽待』といった不動産投資用のサイトに掲載されている物件を見る。

2

チラシで
探す

新聞の折り込みやポスティングされているチラシをチェック。

3

不動産会社に
行く

売買が得意な不動産会社へ。売買が得意な会社には入口に売買物件情報が貼ってある。

4

不動産投資
セミナーに行く

不動産会社主催のセミナーでは、セミナー後の個別相談で物件を紹介される。

不動産投資はやることが幅広い！ ぜひ得意分野を見つけて

　まず物件を探しますが、探し方は左のように４通りあります。物件を探す＝不動産会社を探す作業でもあります。

　サイトでたくさん物件を見て、資料請求する、チラシでよいものがあれば問い合わせる、実際に不動産会社に足を運ぶ、セミナーに参加する……、その数を増やせば増やすほど、あなたにふさわしい物件に出会えます。

　よい物件を見つけたら「買付申込書（買い付け）」という、この物件をいくらで買いますという意思表示の書類を不動産会社に提出します。たとえば1000万円で売っているマンションを900万円で買付を入れても構いません。買い付けを入れて交渉し、この金額で契約をしましょうとなると、いよいよ売買契約を結ぶことになります。

　融資が決定すると決済引き渡しになりますが、決済引き渡しとは、銀行から融資が実行されて司法書士が法務局に行って、所有権移転登記をして晴れて大家さんになるという手続きです。

　このように不動産投資は物件探しから売却まで、作業が広範囲にわたります。ぜひその中での得意分野を見つけて、不得意なところはプロに任せるとよいでしょう。ちなみに私は、物件を探したり、金融機関を訪問したりということが大好きです。

CHAPTER **2**

物件は
どうやって探す？

区分か一棟か、
ワンルームか
ファミリータイプか、
物件選びって難しそう

サラリーマンは
中古ワンルームマンションから
スタートするのがおすすめ!

見たこともない書類に
聞いたことのない用語が
いっぱい……

ポイントをおさえれば
簡単に読めるようになります

何をどう選べば
いいのかわかりません！
成功する物件選びとは？

いちばん大切なのは目標。
自己資金や
知識の量も関係します

　CHAPTER 1でもお話ししたとおり、自分に合った不動産投資は家賃収入の目標額、自己資金、本気度から見つけられますが、物件を選ぶときも、いつまでにどれぐらいのキャッシュフローがほしいか、これからどうなりたいか、といった目標から考えていくことが大事です。そのうえで年収や自己資金、やる気など総合的に鑑みて、今後どういう物件を買って資産を増やしていくか、そのストーリーを考えていきます。

目標別物件選びの6つの例

例1

10年後には、月々10万円の
キャッシュフローがほしい。
不動産投資の勉強はこれから

年収450万／30歳／
自己資金なし

フルローンで
中古ワンルームマンション投資。
コツコツ残債を減らして
キャッシュフローを増やしていこう

例2

1年後には、月々10万円の
キャッシュフローがほしい。
不動産投資の勉強は、
始めたばかり

年収600万／40歳／
自己資金1000万

自己資金2割で
中古アパート投資。
月々のキャッシュフローを
得ながら学び続けよう

いつまでにどれぐらい稼ぎたい？
目標からストーリーを組み立てて

　ここでは6つの例を参考に、自分のストーリーを組み立ててみましょう。例1は、サラリーマンをしながらお小遣いを増やしたいという、最もスタンダードなパターン。まずは中古のワンルームマンション投資から始めましょう。不動産投資の勉強を始めて、もう少し稼ぎたいなと思っている人が例2。物件価格の2割の自己資金を入れて、中古のアパート投資にトライしましょう。

例3

5年後には、月々20万円の
キャッシュフローがほしい。
不動産投資の勉強はこれから

年収1000万／50歳／
自己資金1000万

自己資金2割で
新築アパート投資。
月々のキャッシュフローを
得ながら学び続けよう

例4

10年後には、FIREしたい。
不動産投資の勉強はこれから

年収500万／30歳／
自己資金なし

フルローンで
中古ワンルームマンション投資。
実体験を経験しつつ、
徹底的に不動産投資を学び、
自己資金を拡大していこう。
いずれは一棟マンション投資を

　例3は、50歳のサラリーマン。年収も自己資金もそこそこあり、定年後のことを考えたときに、5年後に月々20万円のキャッシュフローがあったらいいなと考える人です。物件価格の2割の自己資金を入れて、新築アパート投資を目指しましょう。例4は、欲張りさんです。自己資金もないのにFIREしたい。とはいえ年収500万円はあるので、まず中古ワンルームマンションを買い、賃貸経営を経験しながら徹底的に勉強してください。例5は、すでにリタイアして資産もいっぱい持っている人。現金で2億円も残すと、多額の相続税が発生してしまうので、資産を不動産に変えて残したいと

例5

相続対策したい。
　　不動産投資の勉強はこれから

年金生活／ 70歳／
自己資金2億

現金で
新築一棟アパートを購入し、
素敵な老後をお過ごしください

例6

自営業を安定させるためにも、
　　5年後に年間300万円の
　　　　家賃収入がほしい

自営業／ 30歳／
自己資金100万

不動産の勉強をしながら、
現金で築古戸建てを購入。
その収入も貯め、
さらに現金買いを進めよう

いうパターンです。現金で新築一棟アパートの購入が理想的です。例6は自営業の人が不動産投資にトライするパターン。自営業の人は、決算書を赤字にしている人も多く、金融機関の融資がなかなかおりませんが、まずコツコツ貯金して、現金で築古の一戸建てを購入します。それで、またお金を貯めて、現金で買う。これを繰り返すと、家賃収入で本業が安定してくるので、いずれ融資を受けやすくなります。

　例1から始めて、どんどん面白くなって例6にいくパターンもあります。まずは自分なりにストーリーを立て、そのときどきの思いや目標でアレンジするといいですね。

投資するなら区分か一棟か?

区分と一棟、
どっちがいいですか?

一棟のほうがもうかりますが
それだけスキルが必要です

　区分とはマンションの〇号室など一室、一棟とは〇〇ハイ
ツ、〇〇マンションなど建物すべて。区分と一棟、どちらを
購入して投資すればいいか。それぞれにメリット、デメリッ
トがありますが、区分のメリットは一棟のデメリット、一棟
のメリットは区分のデメリットという関係性です。区分の大
きなメリットは、少額から投資できること。サラリーマンな
ら、ほぼ自己資金ゼロで2000万円台の物件を購入できます。

区分・一棟のメリット・デメリット

区分

メリット

- 少額で投資が可能

- 管理や修繕の
  手間がかからない

- 複数所有で
  天災リスクが分散できる

- 換金性が高い

デメリット

- 入居率が100か0

- 経費が割高

- 担保力が弱く、
  その後融資が受けにくい

- 建てかえ時の
  自由がきかない

一棟

メリット

- 部屋数が複数のため
  多少の空室に耐えられる

- 担保が強く、その後の
  融資を受けやすい

- 経費が割安

- 自由に
  建てかえられる

デメリット

- 天災リスクが
  分散できない

- 修繕費の負担がかかる

- 入居者が多い分
  トラブルが多い

- 換金性が低い

区分は管理の手間が少なくて楽 でも、もうからない!?

　また区分は、建物の管理会社や管理組合があるため、管理や修繕の手間はかかりません。放っておいても10年以上経ったら、大規模修繕をしてくれるのでラクです。いくつか所有するとエリア分散できるため、天災リスクも分散できます。さらに換金性がよいこともメリットです。つまり売りやすい。

　もし今、区分マンションを売りに出せば、だいたい2〜3カ月で売却できますが、一棟もののマンションを売却しようとすると、早くて半年、長くて1年ぐらいかかります。

　区分のデメリットは、まず空室リスクが高いことです。一室しかないため入居が100か0です。また管理費や修繕積立金などの経費が高い。家賃の10〜20%かかります。何年か後に大規模修繕をしてくれるとはいえ、これらの費用は管理組合が決めているその額を払うしかありません。さらに担保力が弱く、特に古い物件は融資が受けづらい。

　一棟ものは土地がある分、土地の評価から資産価値も高くなりますが、区分の場合、土地の持ち分はあるものの区分数で割っているので、どうしても資産価値が低くなり、区分をたくさん持っていると次の融資を受けにくくなる可能性が。

　将来、自分の意志で建てかえられないのもデメリットです。これは管理組合が決定するからです。ただし、これから建てかえブームがくるといわれていて、古いマンションは建てかえられる可能性大。新しくなれば、自分の物件も新しくなるので、実は古い区分マンションも狙い目です。

一棟は資産を増やしやすいけれど それなりにノウハウが必要

　とはいえ区分は、やはり手間のわりにもうけが少ない。中古マンションだと月々数千円のキャッシュフローなので、資産がふえるのに時間がかかります。

　一方、一棟もののメリットは、まず部屋数が多いため、空室リスクを抑えられます。また区分よりも融資を受けやすい。一棟は土地の価値があるので、その分、価格は上がりますが、意外に融資がおりやすいという側面があります。結果、資産を増やしやすい。区分よりもどんどん増やしていける可能性があります。そして管理費は区分に比べると安い。自由に建てかえができるので、事故物件になってしまっても、いったん壊して建て直すことも可能です。

　デメリットは、天災リスクが分散できないこと。また修繕費の負担は、すべてオーナーになります。実際、私の物件でもエレベーターが故障して、修繕費に140万円かかりました。ですから私は一棟をやる人には、得られる家賃の中から、一定の積み立てをするようにお伝えしています。さらに入居者が多い分、クレームも多い。そして換金性が悪い。売るのに1年弱かかります。

　区分はそれほどスキルはいりませんが、一棟ものはもうかる分、それなりにノウハウが必要となるので、勉強してから取り掛かってほしいと思います。私自身も、最初は区分から始め、勉強しながら実務経験を重ねて、2年後にようやく一棟ものにトライしました。

物件の種類の選び方

ワンルームと
ファミリータイプ、
どちらがよいですか？

ワンルームのほうが
投資効率はよいですが、
供給過多な状態です

　ワンルームはファミリータイプよりも投資効率がよいです。20㎡のワンルームで5万円の家賃がとれても、40㎡のファミリータイプで10万円の家賃がとれるわけではありません。またワンルームは入退去の回転が速いですが、部屋が狭いので退去後のリフォーム費用が安くすみます。一方、ファミリータイプは、長期入居の傾向にありますが、部屋が広いので退去後のリフォーム費用が高くなります。

ワンルーム・ファミリータイプのメリット・デメリット

ワンルーム

メリット

・投資効率がよい
・リフォームコストが低い
・家賃の下落リスクが低い

デメリット

・競争がはげしい
・間取り変更ができない
・入退去の回転が速い

ファミリータイプ

メリット

・長期入居の傾向がある
・間取り変更しやすい

デメリット

・投資効率が悪い
・リフォームコストが高い

エリアからターゲットを選ぶ

　さらにワンルームは、ファミリータイプよりも家賃の下落リスクが低く、賃料が安定するメリットもあります。一方、デメリットは、供給が多く競争が激しいこと。狭いので間取りの変更ができないのもデメリットです。その点、ファミリータイプは、リフォームの余地が大きく、間取りも変更しやすい。ただ家賃単価が低く、投資効率は悪い。

　どちらにするかはエリアによります。つまり単身者の多い町や都心、大学の近くならワンルームがいいですし、郊外や地方の工場の町ならファミリータイプがいい。それぞれのエリアのターゲットから選ぶ視点も大切にしてください。

「エンパーコウゾウ
ザンヒロサ」
って何ですか？

物件チェックに使う
魔法の言葉です！

　物件を分析する際は、物件の概要や間取り図などが書かれた「マイソク」という物件資料を見ます。マイソクをチェックするときに、頭に浮かべてほしいのが「エンパーコウゾウザンヒロサ」という言葉。「エン」は円＝値段、「パー」は％＝利回り、「コウゾウ」は構造＝建物の構造、「ザン」は残＝建物の残存年数、「ヒロサ」は広さ＝物件の広さです。右ページのマイソク（Ａ）「メゾンアユカワ」で説明しましょう。

エンパーコウゾウザンヒロサはどこに書いてある？

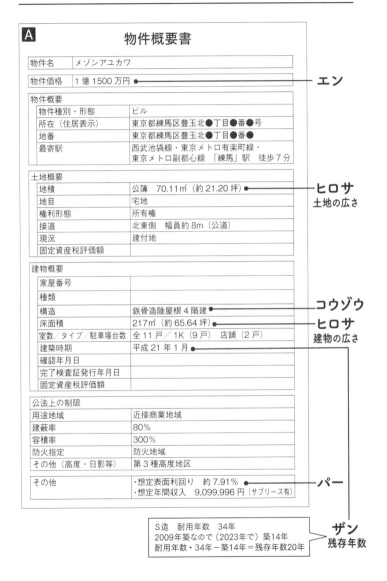

A 物件概要書

物件名	メゾンアユカワ
物件価格	1億1500万円 ● ── **エン**

物件概要

物件種別・形態	ビル
所在（住居表示）	東京都練馬区豊玉北●丁目●番●号
地番	東京都練馬区豊玉北●丁目●番●
最寄駅	西武池袋線・東京メトロ有楽町線・ 東京メトロ副都心線 「練馬」駅 徒歩7分

土地概要

地積	公簿　70.11㎡（約21.20坪）● ── **ヒロサ** 土地の広さ
地目	宅地
権利形態	所有権
接道	北東側　幅員約8m（公道）
現況	建付地
固定資産税評価額	

建物概要

家屋番号	
種類	
構造	鉄骨造陸屋根4階建 ● ── **コウゾウ**
床面積	217㎡（約65.64坪）● ── **ヒロサ** 建物の広さ
室数／タイプ／駐車場台数	全11戸／1K（9戸）　店舗（2戸）
建築時期	平成21年1月 ●
確認年月日	
完了検査証発行年月日	
固定資産税評価額	

公法上の制限

用途地域	近接商業地域
建蔽率	80%
容積率	300%
防火指定	防火地域
その他（高度・日影等）	第3種高度地区

その他	・想定表面利回り　約7.91% ● ── **パー** ・想定年間収入　9,099,996円（サブリース有）

S造　耐用年数　34年
2009年築なので（2023年で）築14年
耐用年数・34年－築14年＝残存年数20年

── **ザン** 残存年数

マイソクを見れば、すべてわかる！

　「エン」は物件価格の１億1500万円、「パー」は想定表面利回り約7.91％、「コウゾウ」は鉄骨造陸屋根４階建てです。これはＳ造で、耐用年数は34年。平成21年（2009年）築ですから、2023年現在なら築14年、耐用年数34年－築14年＝残存年数「ザン」は20年です。「ヒロサ」は、土地は70.11㎡、建物（床面積）は217㎡。確認しておきたいのが容積率です。容積率は300％で、70㎡の土地に３倍の210㎡の建物をつくってＯＫというものですが、この建物は217㎡と超えています。

　共同住宅の場合、建築基準法でエントランス、エレベーターホール（カゴの昇降部も含む）、共同廊下、共同階段などは容積率の延べ床面積に算入されないものとなっています。くわしくは、そのつど不動産会社に確認してください。その他「サブリース有」という文言も要チェックです。

　もう一つ、右ページのマンションアユカワという区分マンションのマイソク（**B**）もチェックしてみましょう。「エン」は物件価格の1150万円、「パー」は7.62％、「コウゾウ」は鉄筋コンクリート造地上４階建てです。この物件は、昭和58年（1983年）築なので、2023年現在で築40年。ＲＣ造の耐用年数は47年ですから、47年から築40年を差し引いて、残存年数「ザン」は７年になります。「ヒロサ」は36.02㎡です。その他、チェックしておきたいのは、管理費6500円、修繕積立金が3300円と月額計9800円の支出がある点です。

B

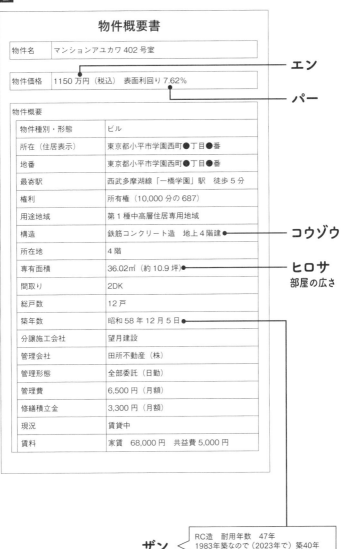

物件概要書

物件名	マンションアユカワ 402 号室

エン

物件価格	1150 万円（税込）　表面利回り 7.62%

パー

物件概要

物件種別・形態	ビル
所在（住居表示）	東京都小平市学園西町●丁目●番
地番	東京都小平市学園西町●丁目●番
最寄駅	西武多摩湖線「一橋学園」駅　徒歩 5 分
権利	所有権（10,000 分の 687）
用途地域	第 1 種中高層住居専用地域
構造	鉄筋コンクリート造　地上 4 階建 ●——**コウゾウ**
所在地	4 階
専有面積	36.02㎡（約 10.9 坪）●——**ヒロサ**　部屋の広さ
間取り	2DK
総戸数	12 戸
築年数	昭和 58 年 12 月 5 日 ●
分譲施工会社	望月建設
管理会社	田所不動産（株）
管理形態	全部委託（日勤）
管理費	6,500 円（月額）
修繕積立金	3,300 円（月額）
現況	賃貸中
賃料	家賃　68,000 円　共益費 5,000 円

ザン
残存年数

> RC造　耐用年数　47年
> 1983年築なので（2023年で）築40年
> 耐用年数・47年－築40年＝残存年数7年

CHAPTER 2
物件はどうやって探す？

> マイソク以外に
> 物件選びに必要な
> 書類は？

> 不動産会社や売主から
> もらってほしい
> 書類があります

　物件を実際に見に行く前の机上検討のために、ぜひ不動産会社からもらってほしい書類があります。まず先述した「マイソク」。そして、より深い分析のために「インターネット地図」「都市計画図」「道路関係図」、災害情報を示した「ハザードマップ」、賃貸借条件を一覧にした「レントロール（家賃表）」、修繕積立金や清掃代、インターネット代などそれぞれの費用をリストアップした「ランニングコスト一覧」などです。

机上検討に必要な書類

- マイソク
- インターネット地図
- 都市計画図
- 道路関係図
- ハザードマップ
- レントロール（家賃表）
- ランニングコスト一覧
- 固定資産税評価証明書
- 修繕履歴一覧
- Eiichi君

修繕履歴一覧はいずれ売却するときにも必要

「固定資産税評価証明書」は、土地や建物などの固定資産の評価額を証明する書類。売主からもらうように不動産会社に頼みます。過去に、その物件がどういう修繕をしてきたかわかる「修繕履歴一覧」は、売主か不動産会社からもらいます。この修繕履歴一覧は、いずれ売却するときに次の買主に求められるものなので、物件を持ったら必ず修繕記録をつけておきましょう。以上9点は、不動産会社か売主に頼んでもらうものですが、ぜひ「Eiichi君」も活用してください。これは私がExcelでつくった収支シミュレーションソフトです。56ページのＱＲコードから無料ダウンロードできます。

売主売買と仲介売買

売主売買と
仲介売買って
どういうことですか？

プロが直接売るのが売主売買、
一般人同士の売買を
プロが仲介するのが仲介売買です

　不動産の売買には「売主売買」と「仲介売買」の2種類があります。売主売買とは、プロの不動産会社が直接、一般人に物件を売ること。たとえばタワーマンションを建てたデベロッパーが、まず所有し、それを売るといった売買です。一方、一般人が一般人に売る場合は、仲介売買になります。つまり一般人が売却しようとしたら、不動産会社にお願いして、一般人同士の売買を仲介してもらうことになります。

元付業者と客付業者の違い

【売主売買】

売主（不動産会社）

↓

一般人

プロの不動産会社が売主となって、一般人に直接販売すること。価格交渉に注意が必要。

【仲介売買】

一般人

↕

一般人

一般人同士の売買を不動産会社が仲介してくれる。プロが間に入るので価格交渉がラク。仲介不動産会社は複数存在することもある（元付業者、客付業者）。詳しくは次のページにて。

売主や仲介不動産会社に管理も依頼

　不動産を購入する際は、価格交渉はしたほうがよいです。仲介売買の場合、ある程度融通がきくので価格交渉しやすいですが、売主売買は価格交渉には少し注意が必要。たとえば1800万円を1780万円で売ってくださいと価格交渉したら、相手にとっては20万円分の利益を削られることになるからです。当然よく思われません。また、売主物件でも仲介物件でも、初心者であれば購入後の管理をその売主、あるいは仲介の不動産会社にお願いするという手もあります。引きつづき自分たちで管理することになるわけですから、空室になりやすい物件を紹介することはないでしょう。

元付業者と客付業者の
違いは何ですか？

元付業者は売主側、
客付業者は買主側
についています

　一般人同士の売買を仲介する、いわゆる仲介不動産会社には「元付業者」と「客付業者」の2種類があります。たとえば私がワンルームマンションを売却しようとしたら、まず元付業者という不動産会社にお願いします。そうすると客付業者の不動産会社が買主を探してきて、そこで売買が成立します。つまり売主側についているのが元付業者で、買主側についているのが客付業者なのです。

元付業者と客付業者の違い

売主側

⬇

元付業者

客付業者

⬆

買主側

売主が物件を売るときは元付業者に頼み、客付業者が買主を探してくるため、売主側に元付業者、買主側に客付業者がつく構造になる。

不動産を売却する場合

売主

元付業者に売却を依頼

買主を探す。見つからない
場合は、レインズに掲載

⬇

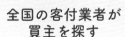
全国の客付業者が
買主を探す

元付業者が買主を探しても、買主が見つからない場合は、業者だけが見られる「レインズ」というサイトに掲載し、全国の客付業者が買い手を探す。

業者は売買を仲介すると手数料がもらえる
（400万円以上の場合、3％＋6万円）

【両手取引】

売主

3％
＋
6万円

元付業者

3％
＋
6万円

買主

売却を依頼された不動産
会社が買主を見つけたら、
その不動産会社は売主と
買主の両方から手数料が
もらえる。

【片手取引】

売主

3％
＋
6万円

元付業者

客付業者

3％
＋
6万円

買主

売却先が見つからず、「レ
インズ」に掲載した場合、
元付の不動産会社は売主、
客付の不動産会社は買主
から手数料を受け取る。

売買の仲介には「両手取引」「片手取引」がある

　不動産の売買の仲介には「両手取引」と「片手取引」という2つがあります。

　もし売主である私が元付業者に売却を依頼し、この業者が買主を見つけたら、私から物件価格の「3％＋6万円（＋消費税）」、買主から「3％＋6万円（＋消費税）」がもらえる。これが両手取引です。

　一方、売却の依頼を受けたけれど、元付業者が買主を見つけられず「レインズ」に掲載する。そしてどこかの客付業者が買主を見つけてきた場合、私が最初に頼んだ元付業者は、私から「3％＋6万円（＋消費税）」、客付業者は買主から「3％＋6万円（＋消費税）」がもらえます。これが片手取引です。

　買主の立場から考えると、両手取引できる元付業者のほうが融通が利き、仲介手数料のサービスや価格交渉をしてくれる可能性があります。

　元付業者か客付業者かはマイソクを見ると、ある程度予測ができます。「専属専任」「専任」「専属媒介」と記載があれば元付業者、「一般」「仲介」「媒介」とあれば、どちらかわかりません。その場合は不動産会社にヒアリングして、売主の事情にくわしそうなら、おそらく元付業者だろうと判断します。

レントロールを見るときの注意点は？

古い情報の可能性があるので、最新情報かどうかチェックしましょう！

　物件チェックに欠かせないレントロール（家賃表）。実は最も「うそが多い」のもレントロール。88〜89ページの表は、大型物件のレントロールです。それぞれの部屋について、間取りや面積、契約者、月額賃料、契約日などが一覧になっていて、どれぐらいの家賃がとれているかわかります。しかしながら問題は、レントロールには正式な書式がなく、不動産会社やオーナーがそれぞれつくっているため誤りが多いのです。

日本一わかりやすい！
「見るだけ不動産投資58」

発売記念！

購入者特典第1弾

「YouTube アユカワ TV」限定動画配信！

日本一わかりやすい！
**不動産投資
あなたが買うべき
物件を教えます**

購入者特典第2弾

出版記念セミナー決定！

全国のあなたの街で
セミナー＆懇親会を開催します！

日本一わかりやすい！
**聞くだけ逢うだけ
不動産投資**

レントロールのチェックポイント

CHECK POINT 1

レントロールが
つくられた日付

CHECK POINT 2

契約日の日程

CHECK POINT 3

契約日による
家賃変動

CHECK POINT 4

近々の契約

CHECK POINT 5

備考欄

レントロールをチェック！

部屋No.	用途	間取	契約者	入居者	契約面積		❸ 月額賃料	
					（㎡）	（坪）	賃料	共益費
101	住居	1DK	個人	●●●●	40.15	12.2	¥70,000	¥9,000
102	住居	1DK	個人	●●●●	40.15	12.2	¥68,000	¥9,000
103	住居	1DK	個人	●●●●	40.15	12.2	¥73,000	¥9,000
105	住居	1DK	個人	●●●●	40.15	12.2	¥75,000	¥9,000
106	住居	1DK	個人	●●●●	40.15	12.2	¥72,000	¥9,000
107	住居	1DK	個人	●●●●	40.15	12.2	¥72,000	¥9,000
108	住居	1DK	個人	●●●●	40.15	12.2	¥74,000	¥9,000
110	住居	1DK	個人	●●●●	40.15	12.2	¥73,000	¥9,000
201	住居	1DK	個人	●●●●	40.15	12.2	¥75,000	¥9,000
		1DK			40.15		8,000	

ポイントをおさえれば オーナーの戦略も読める!?

　たとえば一棟ものの売却には、1年ほどかかりますが、そうすると、その1年の間に入居者の出入りがあり、家賃も変動します。そして一年後に売却が決まって契約したときには、最新のレントロールに変わっているはずです。ですからレントロールの情報は、それが本当に正しい最新情報かどうか知る必要があります。チェックポイントは全部で5つ。

　❶は作成日付。日付が半年前のものは要注意です。

　次に❷の契約開始日と❸の月額賃料による家賃変動を見ます。たとえば新築時から入居している人（部屋No.105）の家賃は7万5000円ですが、2023年の3月に入居している人

2023 年 4 月 20 日作成 **❶**

	敷金		保証会社	**❷** 契約開始日	契約期間		備考 **❺**	属性
合計	（保証金）				始期	終期		
¥79,000	¥70,000		○○社	2023/3/25	2023/3/25	2025/3/31		大学生
¥77,000	¥0		□□社	2023/4/5	**❹** 2023/4/5	2025/4/30		社会人
¥82,000	¥73,000		○○社	2021/9/10	2021/9/10	2025/9/30	更新	大学生(同居人あり)
¥84,000	¥75,000		連帯保証人	2015/3/1	2015/3/1	2025/3/31	更新	社会人
¥81,000	¥0		○○社	2023/3/5	2023/3/5	2025/3/31		大学生
¥81,000	¥0		○○社	2023/2/20	2023/2/20	2025/2/28		社会人
¥83,000	¥74,000		連帯保証人	2018/9/10	2018/9/10	2024/9/30	更新	社会人
¥82,000	¥73,000		○○社	2021/9/28	2021/9/28	2025/9/30	更新	大学生(同居人あり)
¥84,000	¥75,000		なし	2015/2/15	2015/2/15	2025/2/28	更新	社会人

（部屋No.101）は７万円、と家賃が5000円下がっている。つまり新築時から住んでいる人が退去したら、家賃が７万円に下がることを予測できます。

　❹の近々の契約（部屋No.102）については、売却を考えたオーナーが、レントロールの見栄えをよくするために、急いで家賃を下げて満室にした可能性も。ですから、いついくらで契約をしているのかをこまかく見ておきましょう。

　最後は**❺**の備考欄のチェックを。私が以前、手に入れたレントロールに、同年の９月に複数の部屋が入居スタートしていました。そのすべての備考欄に「同居人あり」と書いてあり確認したところ、９月から留学生の複数人入居OKにしていたことがわかりました。レントロールを見ると、こういう戦略もありかもと気づくこともできます。

不動産でよく聞く
「一物四価」
って何ですか？

一つの物件に対して
4つの価値、価格が
あるということです

　不動産は「一物四価」といわれ、一つの物件に対して「実勢価格」「公示価格・基準価格」「路線価」「固定資産税評価額」の4種類の価格、価値があります。

　一つ目の「実勢価格」とは、売主と買主で決めた値段。そもそも不動産というのは、世界に一つしかないので、値段が決まっていません。ですから売主と買主の意向が合致したら、それで値段が決まるのです。

不動産「一物四価」

	①	②		③	④
名称	実勢価格	公示価格	基準価格	路線価 （相続税評価額）	固定資産税評価額
算定機関	売主と買主	国土交通省	都道府県知事	国税庁	市区町村
内容	—	一般の土地取引価格の指標	一般の土地取引価格の指標 （公示地価の補完）	相続税や贈与税の計算の基礎となる価格	固定資産税、不動産取得税、登録免許税などの税金の計算の基礎となる価格
基準日	—	毎年1月1日 発表3月20日頃	毎年7月1日 発表9月20日頃	毎年1月1日 発表8月上旬	1月1日 （3年に一度 評価替え）
評価の目安	—	100%	100%	80%	70%

不動産投資に重要な価格が **路線価**！

金融機関は路線価を基準に
融資額を策定する

金融機関は「路線価」を基準に融資を決める

　二つ目の「公示価格・基準価格」の公示価格は国土交通省、基準価格は知事が算定しているもの。「銀座の和光のところは1㎡いくら」などと毎年1月1日と7月1日に発表されるものです。これが評価の基準値になります。

　三つ目の「路線価」は、相続税や贈与税の計算のもとになる価格で、国税庁が算出しているもの。公示価格・基準価格を100とすると、そのおよそ80％の価格となります。

　四つ目が「固定資産税評価額」で、固定資産税や不動産取得税を支払うときに基準となる価格。市区町村が決めています。公示価格・基準価格のおよそ70％となります。

　実際、不動産投資に大きく関わるのは実勢価格ですが、もう一つ重要なのが路線価です。なぜなら多くの金融機関は、路線価を基準に融資額を決定するからです。ですから不動産投資をするときは、路線価がどれぐらいなのかチェックすることが大切です。路線価をチェックするには「全国地価マップ」というサイトが便利です。サイト内にある「相続税路線価等」をクリックすると、路線価が出てきます。たとえば、ある住所を入力すると「320D」と出てきます。これは1㎡あたり32万円ということ。仮にこの土地が200㎡あったとしたら、32万円×200㎡＝6400万円。

　このように金融機関は路線価で評価します。もしその土地が8000万円で売りに出ていたら、銀行の評価は6400万円なので自己資金は1600万円で買えるかもと判断できます。

路線価の見方と算出方法

数字は1㎡あたりの単価（単位は1000円）

上記の場合、1㎡あたり32万円。

この土地が200㎡あるとすると

路線価は

32万円×200㎡＝6400万円　となります。

路線価から実勢価格を 予測することができます

91ページの表にあるように路線価は実勢価格の 80％と言われています。つまり路線価から、実勢 価格を予測することができます。

路線価　6400万円÷80％＝8000万円

この土地の売値は8000万円が 妥当な金額と言えます。

建物別耐用年数とは?

建物や設備の
耐用年数って重要?

負担するコストや減価償却費が
変わるので重要です!

　物件チェックの際は、建物や設備の耐用年数も確認を。耐用年数が長ければ毎年の修繕コストを抑えられる反面、毎年の減価償却費が少なくなります。建物には法律上、耐用年数（法定耐用年数）が決められています。鉄骨鉄筋コンクリート造（SRC造）、鉄筋コンクリート造（RC造）は47年、重量鉄骨造（S造）は34年、木造（W造）は22年など。この「47年」「34年」「22年」という年数は、暗記しておきましょう。なお、中古物件については法定耐用年数−経過年数＋経過年数×20％で計算します（端数切り捨て、2年未満は2年）。

　一般的な建物の付属設備は15年、エレベーターは17年、油炊や災害報知の設備が8年になります。

建物・設備の耐用年数

構造・設備	耐用年数
鉄骨鉄筋コンクリート造（SRC造） 鉄筋コンクリート造（RC造）	47年
重量鉄骨造（S造）	34年
軽量鉄骨造（S造 3㎜超4㎜以下）	27年
木造（W造）	22年
軽量鉄骨造（S造 3㎜以下）	19年
一般的な建物付属設備（給排水・衛生・ガス・電気）	15年
エレベーター	17年
消火・排煙・災害報知設備	8年

オフィスや事務所に使うと耐用年数が延びる

　こうした耐用年数には、オフィスや事務所で使うと延びる場合があります。たとえば木造の建物の場合。住居用や店舗用の場合は22年ですが、事務所で使ったら24年に延びます。同様に鉄筋コンクリートも、住宅の場合は47年ですが、事務所で使うと50年になります。同じ不動産投資でも用途が変わると耐用年数が変わる可能性があるので、何に使い、耐用年数はどれぐらいかということは、あらかじめ国税庁のホームページの減価償却費一覧をチェックしておきましょう。

不動産投資には
重要な日付があるって
聞きましたが……

重要な日付は2つあります！
ぜひ覚えてください

　不動産投資には、「重要な日付」が2つあります。一つ目は、建築基準法の耐震基準が旧耐震基準から新耐震基準になった「1981年（昭和56年）6月1日」。つまり6月1日以降の建物は、新耐震基準なので地震に強いということ。ただ6月1日という日付は、建物が完成した日付ではなく、建築確認申請がおりた日付です。仮に1981年5月25日に建築申請がおりて、その年の12月に完成した物件があったとします。

知っておくべき2つの日付

1981年6月1日
（昭和56年）　　>>>　　新耐震基準

2000年3月1日
（平成12年）　　>>>　　定期借家契約

> その日付は完成した日？　許可が下りた日？

　しかし12月に完成でも建築申請は6月1日より前なので、旧耐震基準となります。ですから昭和56年6月1日以降の1年前後に建てられた物件は要注意です。

　二つ目の「2000年（平成12年）3月1日」は、定期借家契約がスタートした日。この日付以降に契約された普通借家契約は、貸主と借主の合意によって、定期借家契約に変えられます。反対に3月1日より前の契約だと、たとえ貸主と借主の合意があっても、定期借家契約に変えることはできません。定期借家契約については、POINT 41で詳しく解説いたします。

現地視察で
チェックすべき
ポイントは？

物件・街・入居率を
チェックしましょう

　物件を机上調査したら、いよいよ現地を視察します。その際のポイントは「物件」「街」「入居率」。物件を見るのはもちろん、その街にどういう人が住んでいるのか、その街の入居率はどれぐらいか、ということも確認しましょう。

　まず見るべきは最寄りの駅の周りに、どんな店があるか。牛丼や定食のチェーン店があるのか、ネイルサロンがあるのか、そこからその街に住む人たちの顔が見えてきます。

物件視察　見るべき3つのポイント

POINT 1
物件

清掃状態や入居率を確認。
レントロールでは満室なの
に、空室が1室あるといっ
たことも。

POINT 2
街

駅の周りの店やそれぞれの
家に干してある洗濯物から、
その街の住民の姿が見えて
くる。

実際に足を運んで、
わかることも
いっぱい！

POINT 3
入居率

目当ての物件に空室が多く
ても、周りの物件の入居率
が9〜10割なら満室にで
きる可能性大。

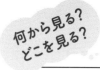
何から見る？
どこを見る？

物件視察の5つの手順

1 「**駅**」をチェック！

牛丼のチェーン店なら独身サラリーマン、ファミリーレストランが多いと家族の街とわかる。

2 歩いて「**物件**」に向かう

歩いてみると実際の距離感がつかめる。洗濯物を見て、住民のカラーをチェック！

3 「**物件**」をしっかりチェック！

清掃状況を確認するとともに、ポストや電気メーター、カーテンの有無などから入居率を把握しよう。

4 「**入居率**」をチェック！

再び歩いて駅に戻りながら、そのエリアの他物件の入居率を、ポストなどで確認。

5 駅前の**客付業者**を訪問

地元の不動産会社に寄り、あれこれヒアリングし、そのエリアの最新情報を引き出そう。

駅からは歩いて行って帰る
4回行くとなおよし

　次に歩いて物件に向かいましょう。マイソクの徒歩〇分は、駅から物件までの距離を80mを1分で算出したものですから、開かずの踏切がある、青にならない信号があるなど実際に歩いてみないとわからないこともあります。そんなふうに歩いて向かい、いよいよ物件を見ます。まずチェックしたいのは、外壁、内壁、廊下や階段など、さまざまな場所の清掃状態。ポストや電気メーター、ガスメーター、カーテンがついているかどうかで、物件の入居率もチェックします。

　ひと通りチェックしたら、また駅まで歩いて帰りましょう。その際は他の物件のポストや電気メーター、ガスメーターを見て、そのエリアの入居率をチェックして帰る。駅まで着いたら、もうひと頑張り。駅前の不動産会社を訪問して「このあたりの入居率ってどれぐらいですか」「家賃の相場はどれぐらいですか」などヒアリングしてみると、「その物件は事故物件だよ」とか、「ショッピングモールができるよ」など、思わぬ地元の情報を得ることができます。

　また物件視察は「朝」「昼」「夜」「雨の日」の4回することをおすすめしています。たとえば昼に見に行ったときは、マンションの1階にカフェがあって、おしゃれでいいなと思っていたら、夜はパブになって騒々しい、雨の日は1階が水浸しになる、バスが混む……、時間帯や天気の違う日に見に行くと、意外な問題点が見えてきます。本気で購入を考えているときは、必ず4回は行くようにしてください。

買付を入れるって
どういうことですか？

売主さんに購入の
意思表示をすることです

　物件を調査し、いざ購入を決意したら売主に「買付申込書」を提出します。これを「買付を入れる」といいます。

　買主が買付申込書を出すことで、売主は買主の購入の意思を確認し、仲介の不動産会社も売買契約に向けて動き始めます。

　買付申込書には、物件情報や購入希望金額のほか、手付金や融資特約の有無などの条件を明記し、住所、名前を書いて捺印し、売主か仲介業者にメールかファックスで送ります。

買付申込書の記入例

融資特約とは、融資が受けられない場合に契約を破棄できる特約のこと。なるべく条件につけておいたほうがいい。

買付申込書

売　主　殿

下記、物件を下記条件にて購入したく本書をもちましてお願い申し上げます。

記

物件の表示
(1) 土地
　　所在地　　東京都●●市●●一丁目2番地3号
　　地　目　　宅地
　　地　積　　123.4㎡（公簿面積）
(2) 建物
　　所在地　　東京都●●市●●一丁目2番地3号
　　家屋番号　2番地3号の1
　　構　造　　鉄骨造地上3階建て
　　延床面積　345.6㎡（公簿面積）

購入金額　金　五千八百萬円也（58,000,000円）（税込）
その他条件 ※1
　　1.手付金　金五百八拾萬円也（5,800,000円）
　　2.融資特約を条件とする。※2
　　3.土地は実測取引を条件とする。
　　4.引き渡しは2023年7月31日を希望する。
　　5.この買付の有効期限は2023年5月31日までと希望する。

2023年4月30日
住所　東京都●●市●●2-3-4
氏名　山田太郎　㊞

一番手に交渉権あり！　買付申込書は必要事項を記入して、いつも手元に

　買付申込書は書式が決まっていないので、インターネットで見つけたものでOK。先に買い付けを入れた人から交渉権が得られるので、いい物件が見つかったら、すぐに提出できるように書類は印刷して、住所と名前を書いて捺印して持っておくのがおすすめ。

　ただし一番に買い付けを入れても、あとから好条件で入れた人が優先される可能性もあるので、事前に仲介の不動産会社と相談して金額を決めるとよいでしょう。

　買付申込書は買主が売主に直接、意思を伝えられるラブレターのようなもの。なぜこの物件を買いたいのか、という思いを書面に入れたり手紙として添えたりすると効果ありです。

不動産購入に重要な書類

購入までに
重要な書類って
どんなものがありますか？

重要な書類は
4種類あります

　物件の購入時には、さまざまな契約書にサインをします。重要な書類は4つ。一つ目が不動産会社が物件の詳細について書いた「重要事項説明書」です。この書類とセットになっているのが二つ目の「不動産売買契約書」。契約の場で押印するこの2つは、必ず契約前に草案をもらってチェックしましょう。特に重要事項説明書の備考欄には、事故物件や条例による制限などマイナスなことが細かく書かれています。

不動産購入に重要な書類

重要事項説明書

物件について、くわしく書かれた
もの。宅地建物取引士など第三者
の助けを借りて確認しよう。

不動産売買契約書

「重要事項説明書」とセットでも
らうもの。必ず契約前にもらって、
疑問点は解消しておくこと。

金銭消費
貸借契約書

金融機関によるローンの詳細が書
かれた契約書。金利、返済期間、
繰り上げ返済手数料などをチェック。

重要事項に係る調査
報告書

建物管理会社がつくる建物の健康
診断書。中古区分マンションを購
入するときには必ずもらう。

疑問点があれば押印前に確認を

　三つ目の「金銭消費貸借契約書」は、金融機関から融資を
受けるときに結ぶ契約書です。必ずチェックすべきは、固定
金利で繰り上げ返済したときの違約金や金利の見直し水準な
ど。以上3つの書類は、最終的に自身で押印するものです。
押してしまったら、それで全てが決定してしまうので、疑問
があれば、押印する前に解決しましょう。

　四つ目の「重要事項に係る調査報告書」は、中古区分マン
ションを購入するときに必要な書類。建物管理会社が作成す
る、建物全体の健康診断書です。修繕積立金がいくら貯まっ
ていて、大規模修繕実行の可否などがわかります。

CHAPTER **3**

どうやって
金融機関から
お金を借りるの？

お金を借りたいけれど
自営業でも借りられますか？

 自営業よりサラリーマンのほうが
借りやすいですが、
自営業でも大丈夫ですよ

よかったです！

 融資を有利に受けるには
コツがありますから、
それをお教えしますね！

不動産投資で
融資を受けるには
どういう方法がある？

主に3つの方法が
あります！

　お金を借りて物件を買うなら、金融機関に融資を申し込む
ことになります。金融機関は、右のようにピラミッド型に
なっていて、トップに政府系金融機関、その下に都市銀行、
地方銀行（第一地銀、第二地銀）、信用金庫、信用組合、一
番下がノンバンクになります。

　金利は下にいくほど高く、上にいくほど低くなり融資の
ハードルは上にいくほど高く、下にいくほど低くなります。

金融機関はピラミッドになっている

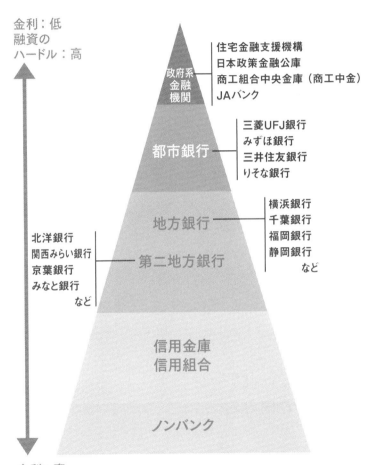

金利：低
融資の
ハードル：高

政府系
金融
機関
- 住宅金融支援機構
- 日本政策金融公庫
- 商工組合中央金庫（商工中金）
- JAバンク

都市銀行
- 三菱UFJ銀行
- みずほ銀行
- 三井住友銀行
- りそな銀行

地方銀行
- 横浜銀行
- 千葉銀行
- 福岡銀行
- 静岡銀行
- など

第二地方銀行
- 北洋銀行
- 関西みらい銀行
- 京葉銀行
- みなと銀行
- など

信用金庫
信用組合

ノンバンク

金利：高
融資の
ハードル：低

不動産投資への融資は3種類

政府系金融機関
から借りる

「住宅金融支援機構」も利用
可能。「日本政策金融公庫」
も借りやすい。

アパートローン
で借りる

地方銀行やノンバンクが出し
ているパッケージローン。サ
ラリーマン大家が利用しやす
い。

プロパーローン
で借りる

個々の賃貸経営に応じて融資
してもらえる。都市銀行や地
方銀行など全ての金融機関で
取り扱い。

まず金利の低い政府系から
アタックしてみよう!

　不動産投資で融資を受ける方法は「政府系金融機関」「アパートローン」「プロパーローン」の3種類あります。

　ヒエラルキーのトップに君臨する政府系金融機関には、主に4つあります。一つ目の「住宅金融支援機構」は、基本的に住宅ローンを貸しつける金融機関ですが、「省エネ賃貸住宅建設融資」と「サービス付き高齢者向け賃貸住宅建設融資」の2種類は、賃貸業にも融資してくれます。二つ目は「日本政策金融公庫」です。融資のハードルの高い政府系金融機関ですが、これだけは例外。国民のためにお金を貸してくれる機関なので、近年はコロナ融資にも積極的でした。三つ目の「商工組合中央金庫（商工中金）」は、ある程度の規模の中小企業向け。四つ目は「JAバンク」が挙げられますが、家が農業を営む人でないと難しいですね。

　「アパートローン」は、地方銀行やノンバンクなどの金融機関が出しているパッケージローンです。たとえば年収800万円のサラリーマンで、自己資金が1割あり、2000万円のワンルームマンションなら比較的楽に借りられます。このおかげで、サラリーマン大家ブームが起きました。それに対して「プロパーローン」はオリジナルローン。個々の賃貸経営に合わせたローンを組み立てますよ、というもの。全ての金融機関が取り扱っていますが、その事業計画、個人属性、会社の規模、実績によって判断されます。各金融機関の姿勢は随時変化しますので、最新情報のチェックが必要です。

金融機関を探す方法

金融機関はどうやって
探せばいいですか？

 探す方法は
4つあります！

　金融機関を探す方法は4つ。一つ目は不動産会社に紹介し
てもらう。特にアパートローンを行っているノンバンクは、
不動産会社と提携しているので、そこから金融機関を紹介し
てもらうとよいでしょう。提携特典として、金利が低くなる
などのサービスもあります。二つ目は先輩大家さんに紹介し
てもらう。私が一棟ものを始めたときは、ある大家の会で知
り合った大家さんに金融機関を紹介してもらいました。

金融機関を探す方法

不動産会社に紹介してもらう	先輩大家さんに紹介してもらう
身内に紹介してもらう	飛び込む

常に金融機関とのパイプを探し続けること

FIREしたいなら飛び込むしかない!

　三つ目は身内に紹介してもらう。たとえば親御さんが商売をしていたら、地元の信用金庫や信用組合とつながりがあるはずなので、そこに当たってみるのもありです。最後の四つ目は飛びこみです。アパートローンであれば、最高で年収の20倍ぐらいまで借りられますが、それで終わり。しかしプロパーローンなら、プロジェクトがうまくいくと銀行が判断すれば、青天井で融資してくれます。ＦＩＲＥしたいなら、飛びこみで金融機関を開拓し、プロパーローンを狙う必要があります。そのためには、まず支店に電話して融資相談のアポをとる。大切なのは、とにかくやり続けること。常に金融機関とのパイプを探し続けましょう。

融資審査の流れを
教えてください！

まずは支店内で協議、
金額が大きいと本部へ申請

　プロパーローンの場合、どうやって審査がおりるのか。その流れについてご説明します。たとえば私が5000万円のアパートを買いたくて、Y銀行の新宿支店に持ち込んだとします。新宿支店の担当のAさんにアプローチすると、まず支店内で協議されます。同時に金融機関は、その物件の担保評価をし始めます。評価は専門に行うセクションのあるところもあれば、外注をしてその評価を求める場合もあります。

融資審査の流れ

① 支店内協議（担当者他）　>>　② 担保評価調査（評価部隊）　>>　③ 支店内協議決裁（支店長）　>>　④ 本部申請（審査部に稟議）　>>　⑤ 審査部と支店でやりとり　>>　⑥ 審査決定

支店と本部の応酬で融資額が決定

そこで評価が4000万円と出てくると、支店内の協議で「うちが4000万円融資して、1000万円は自己資金で出してもらおう」と支店長が決めるわけです。たいてい1億円未満ならここで決まりますが、1億円を超える場合は、本部への申請が必要になります。仮に本部申請が必要になった場合、本部が調べて、4000万円の価値はないから3500万円、自己資金は1500万円入れてもらえと突き返される、支店長とAさんが、いやいや、これだけ金融資産があるんです……そういう応酬を何度か行ったあと、最終的に「1000万円の自己資金、4000万円の融資をやろう」と、本部が決める。決着までに1～2カ月かかります。

金融機関が見る定量評価と定性評価

> ## 金融機関は何を基準に審査しているんですか？

> ## 数字であらわせるもの、あらわせないものの2つを基準にしています

　金融機関が融資審査するときは、「定量評価」と「定性評価」の2つの評価基準を用います。定量評価は、数字であらわされるもの。具体的には、物件の積算評価や収益還元評価（POINT 34）、取引事例評価、返済比率、資産など。

　それに対して定性評価とは、経営の方針や経営者の人格など、数字であらわせないものを指します。数字ではないので、工夫次第で好感度を上げることができます。

審査の2つの基準

定量評価

物件の積算評価や収益還元評価など数字であらわせるもの。事実なので変えられない。

定性評価

経営の方針や経営者の人格など数字であらわせないもの。熱意一つでプラスにできる。

稟議書で融資額が大きく変わる

　定性評価のポイントは不動産事業に熱意があるか、この物件をなぜ買おうと判断したのかといったことを自分の言葉で語れること。出生のルーツや服装、車なども見られます。

　金融機関が好意的に見てくれれば、担当者はそれらを稟議書に反映して、この人なら大丈夫と本部にアピールしてくれます。

　先程の例でいうと、5000万円の物件で評価が4000万円だったけれど、4500万円まで融資がおりることも。稟議書一枚で1000万円ぐらい簡単に変わりますし、金利も優遇されます。定量評価は変えられませんが、定性評価は面談で上げることができて、短期間で一気に巻き返せるのです。

金融機関は
どうやって物件の
評価をしてるんですか？

「積算評価」と
「収益還元評価」の
2種類の方法で評価します

　金融機関が物件を評価する方法は2種類あります。それが
「積算評価」と「収益還元評価」です。

　積算評価とは土地と建物だけの評価のこと。入居者ゼロの
ビルでも、土地や建物があるから、何かしら評価があるとい
う考え方です。積算評価は土地と建物を合わせれば、その評
価が出てきます。土地の評価は「1㎡の路線価×面積×掛け
目」で算出できます。

積算評価の評価方法

土地

路線価×面積×掛け目

＋

建物

新築価格（単価）×延床面積×経年劣化

＝

合計

土地と建物の評価を合わせて算出する。仮に土地が1000万円、建物が3000万円なら、合計4000万円の価値があり、金融機関に4000万円までは、融資してもらえると予測できる。

建物の評価

構造	新築時価格／㎡	経年劣化
SRC・RC	20万	$\dfrac{(47-経過年数)}{47}$
重量鉄骨	18万	$\dfrac{(34-経過年数)}{34}$
木造	15万	$\dfrac{(22-経過年数)}{22}$
軽量鉄骨 （3mm以下）	15万	$\dfrac{(19-経過年数)}{19}$

> ## 金融機関の評価方法から
> ## 融資や自己負担を予測する

　掛け目は、交差点の角地など価値のありそうな土地なら「×1.1」など多めに、細い道を入るなど価値の低そうな土地なら「×0.9」など少なめに、銀行独自の判断で掛けていきます。建物の評価は「新築価格（単価）×面積×経年劣化」という計算で行います。新築価格は、一般的にRC造1㎡あたり20万円とされていて、延床面積が200㎡なら200㎡×20万円＝4000万円となります。これに経年劣化を掛けていきます。このように土地と建物の価値がわかれば、合計でどれぐらいの価値かがわかります。

　もう一つの収益還元評価は、その物件自体がどれぐらいの収益を生み出すかを評価していく方法です。金融機関によっ

収益還元評価の出し方

例1)

年間収入 × **80**% ＞ 金利 **6**%の返済

例2)

(年間手取収入 ÷ 還元利回り) ×0.9 ＞ 物件価格 ×0.75

上記の例のような収支計算を行い、税引き前キャッシュフローが1円でもプラスになれば、融資可能になる。評価が足りない場合は、自己資金を増やすなど対策をとる。

ていろいろな計算式があります。例1の場合、家賃収入が満室時の80%として仮に、金利が6%まで上昇した時の返済でも、税引き前キャッシュフローがプラスなら融資可能になります。

　極端な言い方をすると、積算評価では土地、建物共に価値が低くても家賃が高くとれているなら、収益還元評価で評価が出ます。逆もしかりで家賃収入は0円だけど、土地も建物も価値が高いから融資してくれることもあります。

　評価の仕方は金融機関によってさまざまで、積算評価だけのところもあれば、収益還元評価だけのところも。両方を見て評価するところもあります。いずれも金融機関は、この2つの評価方法で、どれぐらい融資できるか決めるわけですから、事前に大まかな融資額や自己資金の目安を予測して、金融機関に相談に行きましょう。

元利均等返済と元金均等返済

> ## ローンの返済は
> ## どうやって行うの？

> 「**元利均等返済**」か
> 「**元金均等返済**」の
> どちらかで返済していきます

　晴れて融資を受けることが決まったら、返済方法を決めましょう。返済方法は「元利均等返済方式」か「元金均等返済方式」。元利均等返済方式とは、元金と利息を足して、毎月同じ額を返済していくものです。たとえば今月10万円返済し、翌月も10万円、翌々月も10万円と金額は同じ10万円ですが、その内訳は変わります。最初は利息ばかりの返済ですが、徐々に元金返済が増えていくのが、元利均等返済方式の特徴です。

元利均等返済と元金均等返済の違い

元利均等返済

元金が減りにくい

返済額 / 経年

利息

元金

元金と利息を合計し、毎月の返済額を均等にする方式。元金がなかなか減らず、元金均等返済方式より返済額が多くなるが、収支計算がしやすい。

元金均等返済

返済額が少しずつ減少

返済額 / 経年

利息

元金

元金の返済は一定で、元金の残債に対して利息を払う方式。毎月の返済額が減っていくので、総返済額は少ないが、収支計算が難しくなる。

不動産投資は元利均等返済がおすすめ

　一方、元金均等返済方式は、一定の元金に対して利息がつく返済方法。元金を返済していくほど利息も減るので、月々の返済額は一定になりません。たとえば今月10万円返していたのが、翌月は9万5000円、翌々月は9万3000円となります。総返済額は元利均等返済方式よりも少なくなります。

　ただし不動産投資の場合は、元利均等返済方式をすすめる金融機関がほとんどです。なぜなら毎月の収支が計算しやすいからです。たとえば「毎月10万円の家賃が入り、返済は8万円だから2万円残る」とわかりやすい。元金均等返済方式は、収支計算しにくいのが難点といえます。

変動金利と固定金利

> 「変動金利」と
> 「固定金利」、
> どっちを選ぶべきですか？

> 金利上昇局面の時期なら
> 固定金利がベターです

　金融機関の金利には「変動金利」と「固定金利」があります。不動産投資でローンを組むときは、一般的に金利上昇局面では固定金利、下落傾向のときには変動金利がよいとされています。2023年現在は、金利上昇局面と考えられますから、固定金利で借りたほうがよいでしょう。固定金利の中でも、3年固定や5年固定、10年固定など、金利が一定期間固定されたものがありますが、私がおすすめしているのは5年固定です。

変動金利・固定金利の特徴

変動金利

借入期間中に金利の見直しが行われる。金利が上昇すると返済額も上がるため、金利上昇局面である時期は警戒が必要。

固定金利

借入期間中に金利が変わらない型。一定期間、金利が固定される型もあり、不動産投資の場合、5年固定がおすすめ。

5年固定をすすめる理由とは

その理由をご説明しましょう。まず個人で物件を売却すると、売却益に「譲渡所得税」という税金がかかります。この税金には「短期譲渡所得税」（所有期間5年以下）と「長期譲渡所得税」（所有期間5年超）があり、短期の税率は約39%、長期は約20%です。なるべく税金を安くすませるなら、長期のほうがよいわけですが、その条件が所有期間5年超。5年を超えれば税金が安くなるということなので、基本的には5年間は売らない。ですから金利を選ぶときも、5年固定でよいとなります。もし5年固定にして3年で繰り上げ返済して売却すると、違約金が発生するので気をつけましょう。

固定金利違約金について

固定金利の
違約金って
どういうものですか？

固定期間より早く
返済すると発生します

　固定金利期間中にローンを一括返済すると、違約金が発生します。これが固定金利の違約金です。仮に10年固定金利で借りた場合、金融機関には「10年間の金利は払いますよ」、金融機関も「金利を一定にする代わりにその部分はくださいね」、と約束したことになります。しかし10年固定なのに5年で一括返済してしまったら、金融機関からすると、もらえるはずの金利がもらえない。この部分が違約金になるのです。

固定金利違約金が発生するケース

たとえば
10年固定の元利均等払いのローンを
5年目で売却、一括返済した場合

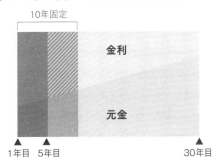

10年固定

金利

元金

1年目 5年目　　　　　　　　　30年目

5年目で一括返済すると、残りの5年の金利も、違約金として支払わなければいけない。

▨ 違約金となる

億のローンになると違約金は何百万!?

　固定金利の違約金はバカになりません。1億円や2億円のローンになると、違約金が何百万円とか何千万円になってくるので、とんでもない負担になります。ですから固定金利を選ぶ場合は、5年間は売らないと決めて5年固定を選ぶのが無難。もちろん10年持つと決めているなら、10年固定でもかまいません。

　最近は変動金利なのに違約金が発生する、購入してから○年までは違約金が発生するけれど○年以降は発生しないなど、各金融機関でそれぞれのルールを定めているので、ローン契約を結ぶ際は契約書をしっかり確認しましょう。

CHAPTER 4

いよいよ
大家さん！
物件管理の肝

大家さんになったら
どうすればいいですか？

自分で管理するか
人に頼むか……

自分で管理するのは
大変そうですよね

管理会社に頼むと楽ですが、
任せっぱなしはダメですよ！

賃貸物件って
どうやって管理を
すればいい？

自主管理、管理委託、サブリースの
3パターンがあります

　自分が賃貸物件を持ったら、その部屋をどう管理するか。その方法は、大きく分けて「自主管理」「管理委託」「サブリース」の3つがあります。

　自主管理は、物件の管理をすべて自分で行う方法。入居者が決まれば、入居者から直接、自分の口座に家賃を振り込んでもらい、家賃の滞納が発生したら催促する。入居者を募集するときは自ら町の不動産会社にお願いすることになります。

物件をどう管理するか?

自主管理

入居者募集から家賃の徴収まで、すべて自分で行う。サラリーマンが副業で行うには負担が大きすぎる。

管理委託

管理手数料を支払い、管理会社に管理を委託する。「建物管理会社」と「賃貸管理会社」の2種類ある。

サブリース

不動産会社がオーナーから物件を借り受けて、不動産会社が貸主となって契約や建物の維持管理を行う。

サラリーマン大家さんは管理委託がラク!

　管理委託とは、管理会社に家賃の3～6％の手数料を払い、物件の管理を委託することです。入居者募集から家賃の入金管理、滞納の催促、退去時の立会いまで頼めるのが一般的。特に入居希望者が「部屋を見たい」といったときに、窓口になってもらえるのは助かります。管理会社には、建物管理会社と賃貸管理会社の2種類の管理会社があります。

　サブリースとは、不動産会社がオーナーから部屋を借りて、その部屋を入居者に貸す転貸システムのこと。入居者の有無にかかわらず、オーナーはサブリース業者から一定の賃料が支払われます。しかし、当然管理委託よりサブリースの方が手数料が高くなり、手取り家賃は少なくなります。サブリースの注意点についてはPOINT 40でお伝えします。

管理会社について くわしく教えてください

「**建物管理会社**」と
「**賃貸管理会社**」
があります

　管理会社には「建物管理会社」と「賃貸管理会社」があります。建物管理会社は、管理組合の委託によって、玄関やオートロック、ポスト、廊下など建物の共用部分の運営、管理を行う会社です。

　一方、賃貸管理会社は、部屋の中を管理する会社。中に住んでいる人の家賃を徴収する、空室になったら入居者を見つける、部屋をリフォームするといったことをしてくれます。

管理会社は2種類

建物管理会社

オーナーが集まって結成する
管理組合の委託によって、玄
関やオートロックなど建物の
共用部分の運営や管理を行う。

賃貸管理会社

オーナーの委託によって、入
居者募集や家賃の徴収、退去
後のリフォームなど建物の専
有部分について管理する。

一棟ものは丸ごと任せるのが一般的

　区分マンションの場合、共用部分についてはオーナーが管
理費や修繕積立金を積み立てますが、建物管理会社への委託
は、オーナーが結成する管理組合が行います。専有部分の部
屋については、賃貸管理会社に任せるのが一般的です。

　一棟ものに関しても、オーナーはたいてい建物管理会社と
賃貸管理会社の両方に丸ごと任せます。同じ管理会社が、建
物も賃貸についても管理する場合もあります。区分マンショ
ンは管理費、修繕積立金を合わせて、ワンルームで1万円、
ファミリータイプで2万円が目安。最近の超高級タワーマン
ションだと、各種設備が付きで、5〜6万円かかるところも。

サブリースの注意点

> ## サブリースは
> ## 危ないって
> ## 聞きましたが……

> ### 注意点はありますが、
> ### メリットもあります

　サブリースとは不動産会社がオーナーから部屋を借り、その部屋を入居者に貸す転貸システムであることは、131ページでお伝えしたとおり。サブリースについては、注意点が7つあります。

　1つ目で特に注意したいのが、保証期間は30年といいながら、5年ごとに家賃が見直される可能性があること。そうすると家賃が減額される恐れがあり、収支が悪化してしまいます。その他の注意点についても、見ていきましょう。

サブリースの7つの注意点

1 仮に保証期間が 30 年としても、当初設定した家賃が減額される可能性がある

2 敷金、礼金、更新料はサブリース業者の受け取りになる

3 契約直後から、すぐに家賃を保証されるわけではない

4 リフォーム費用や共用部分の水道、光熱費、清掃費はオーナー負担になる場合がある

5 売却時に価格交渉のネタにされる

6 サブリース契約を解約するときは、半年前に伝えなければいけない

7 融資で有利な場合がある

サブリース業者に頼むと
最初の2カ月は家賃が入らない!?

　二つ目の注意点としては、敷金、礼金、更新料はオーナーではなく、サブリース業者の受け取りになること。

　三つ目は契約直後から、すぐに家賃保証されるわけではないことです。たとえば新築アパートをA不動産会社にサブリースしてもらおうとなったときに、サブリース業者となったA不動産会社は、最初の2カ月の家賃（サブリースの金額）は払ってくれません。なぜならサブリース業者も入居者を見つけなければならず、その間は家賃が入ってこないからです。ですから2カ月は家賃が入ってこないことを想定し、収支計算しなければいけません。

　四つ目、リフォーム費用や共用部分の水道、光熱費、清掃費などがオーナー負担になる場合があります。その費用は会社によってまちまちです。

　五つ目は、売却時に価格交渉のネタにされるということ。たとえば、こちらがサブリースのまま売ろうとすると、買主は管理委託の場合より収入が減ってしまうため嫌がります。「サブリースなら500万円安くしてください」と値切られるかもしれません。

　サブリース物件を売る準備に入ったら、サブリースをはずして、管理委託の契約にして売却するやり方もありますが、サブリースを解約するには、契約にもよりけりですが、大抵は半年前に伝えないといけません。これが、六つ目の注意点です。

　たとえば2月1日にサブリースを解約してくださいという
と、半年後の8月1日に解約になります。そうするとA不動
産会社は、2月1日以降は入居者を募集しようとしません。
何もしなくなります。その結果、たとえ2月1日現在満室で
も、8月1日には半分が空室になっている可能性があるので
す。そのため、A不動産会社に「空室になったら教えてくだ
さい」「空室になったら入居者募集はこちらで動いていいで
すね」と念を押しておかなければ、蓋を開けたら空室だらけ
ということが起こりえます。

　以上、サブリースのデメリットばかりお伝えしましたが、
最後に融資を受けやすくなるというメリットがあることもお
伝えしておきます。これが7つ目です。

融資を受けやすくなるというメリットもあります

　サブリースにすると、そのサブリース業者が廃業しない限
り、毎月決まった家賃が振り込まれます。金融機関から見る
としっかり安定した賃貸経営となります。結果、金融機関が
有利に融資してくれたり、金融機関側からサブリースにして
くださいと条件を出されることもあります。

　スルガ銀行不正融資問題以来、サブリースには悪いイメー
ジがありますが、そのように融資に有利な点もあるし、何よ
りも管理がラクです。よい会社と組めば問題ありません。私
もいくつかの物件はサブリース業者にお願いしていますので、
ぜひ選択肢に入れてみてください。

> 普通借家、定期借家、
> どっちの契約のほうが
> いい？

> 普通借家が98％。
> でも賢い大家さんは
> 定期借家を選びます

　オーナーと入居者が結ぶ契約を借家契約といいますが、借家契約には「普通借家契約」と「定期借家契約」があります。現在の日本では、普通借家契約が98％、残りの２％が定期借家契約です。この２つの契約の違いを簡単にいうと、入居者に有利なのが普通借家契約で、大家に有利なのが定期借家契約。世界的には、ほぼ定期借家契約ですが、日本だけ特殊なのは戦後、入居者を守るために生まれた契約だからです。

入居者との契約はどっちにするべき!?

入居者
に有利

普通借家契約

日本の98%がこの契約。
「居住権」を守るための
契約なので、家賃滞納が
あっても、大家から出て
行けとはいえない。

大家
に有利

定期借家契約

期間限定で結ぶ契約。日
本では浸透していないが、
建てかえ時などにスムー
ズに出て行ってもらいや
すく、大家には有利。

普通借家契約は
日本独特のやり方!

普通借家と定期借家の違い

	普通借家	定期借家
正当理由	○ （必要）	× （不要）
更新	○ （あり）	× （なし、再契約は可）
契約	口頭も○ 仲介の場合は 業者に書面作成義務	書面
期間	2000年3月以前20年まで 2000年3月以降無制限	制限なし
1年未満	期間の定めなしとみなされる	○
賃料増減特約	増額しない特約○ 減額しない特約×（無効）	増額しない特約○ 減額しない特約○
借主（入居者） からの 中途解約	特約に従う	居住用で200㎡未満○ （強行規定） 200㎡以上や 法人は特約も○

定期借家契約が浸透しない日本

普通借家契約は、居住権を認めることで入居者を守るしくみです。居住権とは「ここを出たら住むところがないから、住まわせてよ」というものですから、大家は入居者が家賃を払わないからといって、一方的に契約を解除することはできません。家賃の滞納だけでなく、騒音やゴミ出しのルール違反があっても出て行けとはいえない。普通借家契約は、実は大家さんにとっては厄介な契約なのです。

そこで近年生まれたのが、定期借家契約という期間限定の契約。もとはオフィスや店舗のための契約で、2年間部屋を貸し、2年経ったら契約終了という簡単な契約です。普通借家契約も2年契約ですが、入居者が希望すれば自動更新できるので、一方的に出て行けとはいえませんが、定期借家契約はそれがなく、最近のできる大家さんは定期借家契約で結んでいます。2年の定期借家契約でも「両者の合意で2年後にさらに定期借家契約を結ぶ可能性もある」という一文を契約書に入れることもできます。そもそも契約を貸主解除するときは、普通借家契約は正当な理由が必要ですが、定期借家契約は契約期間経過により、必ず終了します。ただし契約時は普通借家契約は口頭でOKですが、定期借家契約は必ず書面での契約書をつくらなければいけません。

大家さんにとっては定期借家契約のほうがよいわけですが、入居者は普通借家で契約したがるので、不動産会社の中には定期借家ではやりたくないと考える会社も多々あります。

大家さんが負担する
費用って
どんなものがある？

かかる費用については
数字で覚えておきましょう

　不動産投資を始めたら、何かと費用がかかります。ここで紹介するのは、基本的な数字ですから、ぜひ覚えてください。というのは利益重視の不動産会社や管理会社は、オーナーが素人とわかると、さまざまな費用を法外な値段で請求してくる可能性があるからです。たとえば、クリーニングにかかる費用は、ワンルームで2万5000円、ファミリータイプでも4〜5万円。10万円かかることは、あり得ないということです。

覚えておくべき数字あれこれ

ルームクリーニング	ワンルーム　2万5000円 ファミリータイプ　4〜5万円
管理委託費	家賃収入＋共益費の3〜6％
修繕積立金	ワンルーム　1万円 ファミリータイプ　2万円
大規模修繕にかかる費用	1部屋×100万円
大規模修繕工事の周期	15年から18年

管理会社に任せきりにせず
かかる費用はこまかくチェック

　そのほか、管理委託費は家賃収入＋共益費の3〜6％、管理費・修繕積立金はワンルーム1万円、ファミリータイプ2万円が相場です。大規模修繕にかかる費用は、1部屋×100万円ほど。大規模修繕工事の周期は、かつては10年周期でしたが、今は建築技術の向上で15〜18年ぐらいに延びています。

　そもそも不動産賃貸業は、すべて管理会社任せにできるため、こういう費用の明細については、ついチェックを怠りがち。しかし物件を持ったら、人任せにせず、細かい数字までその都度チェックしていきましょう。これらの金額は、これから上がる可能性もありますので、なおさら注意が必要です。

リフォームなどにかかる費用

リフォーム代って
どれぐらいかかるの？

壁紙の張りかえが700円／㎡〜
他にもこまごまとかかります

　古い一戸建てを購入したときや入居者が退去したときは、オーナーがリフォームを行うことになりますので、そこでかかる費用はある程度、知っておくとよいでしょう。

　たとえば壁紙の張りかえだと、１㎡あたり700〜1300円、床の張りかえはクッションフロアやフローリング、フローリングも防音や塩ビなど、材質によって金額が異なります。塗装工事やガス設備工事の費用のほか、処分費もかかります。

工事の単価

項目	作業	内容	基本単価／単位	備考
壁紙	張替え	普及品	700 ～ 1300円／㎡	（サンゲツSP級）
床	張替え	クッションフロア	2000 ～ 2800円／㎡	（サンゲツHフロア）
	張替え	フローリング	6000 ～ 8000円／㎡	
	張替え	フローリング（防音）	7000 ～ 10000円／㎡	
	張替え	フローリング（塩ビ）	4000 ～ 5000円／㎡	
塗装工事	塗替え	木、鉄部での塗装（大）	2万～2万5000円／人工	（計3回塗）
	塗替え	木、鉄部での塗装（小）	3000円～5000円／箇所	（計3回塗）
ガス設備工事	敷設	ガスメーターから給湯器、コンロまで	2500 ～ 3500円／m	（各ガス会社認定工事会社による）
	接続	給湯器、システムキッチンのビルトインコンロ	1万～2万円／箇所	
給水排水工事	敷設	洗面化粧台、ユニットバスからパイプシャフトまで	1500 ～ 2500円／m	（水道は塩ビ管、給湯は銅管）
	接続	洗面化粧台、ユニットバスの各排水溝と配管	3000 ～ 5000円／箇所	（保温材込み）
電気設備工事	敷設	分電盤から各スイッチ、コンセントまで	1500 ～ 2000円／m	
	接続	コンセント、スイッチ類	1500 ～ 2000円／箇所	
処分費		解体処分費	5000 ～5万円／坪	（軽トラック1台分5万円が目安）

「ガス設備工事」「給水排水工事」「電気設備工事」は、エリアや会社によりm単位ではなく人工単位で請求される場合もあります。また、ボードや床の間口、復旧、仕上げなど接続敷設以外に費用が大きくかかる場合もあります。

サンゲツは大家さんのディズニーランド

　表にある「サンゲツ」は、壁紙やクッションフロアなどを扱うメーカーで、品川や名古屋、大阪など全国にショールームがあります。ここはもう大家さんのディズニーランド。また都心にある小規模のIKEAも、ワンルームの部屋にどう家具をおくかなどレイアウトの参考になります。賃貸業をやる方は、こういうところを見て勉強するとよいと思います。

900万円で法人、800万円で第二法人を

個人から法人に
切りかえるタイミングは？

課税所得が
900万円を超えたら
考えましょう

　多くの人が最初は個人で不動産投資を始めますが、事業を大きくしたい人は、あるタイミングで法人化に舵を切ります。なぜなら法人にするとメリットが多いからです。

　いちばんのメリットは、法人にすると社会的信用が得られるため、融資が受けやすくなること。しかも大きい融資を受けられます。また税率も低い。デメリットは決算書をつくらないといけないこと。税理士に頼む手間と費用が発生します。

個人と法人、どっちがオトク？

個人の税率

課税所得金額	所得税率	住民税率	合計税率	
195万円以下	5%	10%	15%	
195万円超〜 330万円以下	10%	10%	20%	
330万円超〜 695万円以下	20%	10%	30%	
695万円超〜 900万円以下	23%	10%	33%	
900万円超〜1800万円以下	33%	10%	43%	CHECK!
1800万円超〜4000万円以下	40%	10%	50%	
4000万円超〜	45%	10%	55%	

法人の税率

課税所得金額	法人税	地方法人税	事業税	特別法人事業税	法人県民税	法人市民税	実効税率	
400万円以下の部分	15.0%		3.5%				24.1%	
400万円超800万円以下の部分	15.0%	10.3%	5.3%	37.0%	1.0%	6.0%	24.5%	CHECK!
800万円超の部分	23.2%		7.0%				27.0%	

課税所得が900万円を超えたら 所得税・住民税が10％アップ!?

　法人をつくる目安は、サラリーマン収入と家賃収入を合わせた課税所得が900万円を超えたら。なぜ900万円かというと、900万円以下なら、所得税・住民税の税率は33％ですが、900万円超だと43％！　10％も増えるので、900万円を超えそうなら、法人で買ったほうがよいということです。

　また法人の場合、課税所得が400万円超800万円以下だと24.5％、800万円を超えると27.0％に増えます。ですから、つくった法人の課税所得が800万円を超えそうになったら、もう一つ法人をつくる。第二法人をつくるというやり方もあります。

　私自身、大阪と東京に２つの法人を持っています。

最初から
法人にするのはなし？

早く法人をつくりたい人には、
ありです

　最初は個人で物件を買い、だんだん増えてきたら法人で買うのが通常の流れです。しかし、個人で物件購入後早めに自分が代表取締役の法人をつくる手もあります。右の図表をご覧ください。個人所有物件を賃貸管理会社に委託すると、家賃は入居者から賃貸管理会社に振り込まれ、賃貸管理会社は5％の手数料を抜いて、残りの95％を私に振り込みます。

　一方、法人をつくると賃貸管理会社は、私に振り込んでいた95％を法人に振り込みます。

個人から法人にすると……

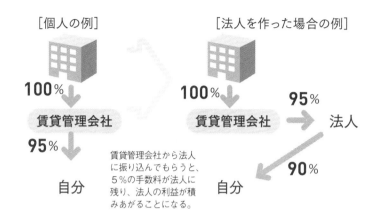

[個人の例]

100%

賃貸管理会社

95%

自分

賃貸管理会社から法人に振り込んでもらうと、5％の手数料が法人に残り、法人の利益が積みあがることになる。

[法人を作った場合の例]

100%

賃貸管理会社

95% 法人

90%

自分

法人が家賃収入を管理する資産管理会社に

　そして法人で５％の手数料を抜いて、90％を自分の口座に入れる。そうすると、この法人には必ず家賃が95％入ってきて、しかも５％ずつ利益が積み上がるので、必ず手数料を受け取れる会社になります。かつ私の個人の収入が、これまで95％だったのが90％になり売り上げが下がるので節税ができます。節税した分を法人に貯めていくというイメージです。

　これを３年続けると３期連続の黒字会社ができるわけです。４年目、５年目に、この法人で物件を買おうとすると、銀行も３期黒字が出ている会社だから貸しやすい。早く法人をつくりたいという人には、こういうやり方もおすすめです。

PLとBSを意識する重要性

> **不動産投資を事業として成功させる秘訣は？**

> **右肩上がりの申告書をつくり融資を受けやすくすること！**

　不動産投資で成功したい、事業を拡大したい、銀行から融資を受けて物件を増やしたい……、そういう人は個人でも法人でも、とにかく右肩上がりの決算書をつくり続けることが大切です。

　先述したように、不動産投資は節税できる事業ですが今後、物件を増やしていきたいなら、節税はしないほうがいい。節税をして赤字を作ってしまうと、次にお金が借りられなくなるからです。

金融機関を味方につけるためには
右肩上がりの財務諸表をつくり続ける!

個人の
確定申告書

節税しすぎず、自分が会社からもらう役員報酬も少しずつ増やし、収入を右肩上がりにするのがポイント。

法人の
財務諸表

何年かに一度は物件を売却し、増えてしまった負債を減らし、新たに純資産を増やすことで健全な決算書を作成する。

右肩上がりだからこそ、
情報とお金が集まる

BSとPLが大切!

貸借対照表（BS）

資産	負債
	純資産

ココを
増やす!

金融機関からの借り入れ
が多いほど、負債が増え
てしまうので、何年かに
一度は物件を売却し、純
資産を増やす。

損益計算書（PL）

費用	収益
利益	

一年間のうち、なるべく費
用をおさえて、利益を増や
すことを目指す。稼いだ利
益は、純資産に入る。

しっかり利益を出して
税金をちゃんと払いましょう!

純資産が増え続ける財務諸表があれば 金融機関も安心して融資してくれる

　私が会社を設立したのは10年前。コロナ禍の影響で一部
例外があるとはいえ、ほぼ10年間、増収増益になるように
申告書をつくってきました。私は自分の会社から役員報酬を
もらって生活していますが、その役員報酬も毎年上げて、そ
れによって個人の確定申告書も右肩上がりになっています。
不動産事業を成功させるには、なるべく変な節税はせず、右
肩上がりにしていくことが大切だからです。そこで重要なの
が貸借対照表（BS）と損益計算書（PL）です。不動産経
営は、借り入れして行う事業なので、どうしても負債が大き
くなります。フルローンでやっていくと、純資産はどんどん
目減りしてしまいますが、事業を拡大するには、純資産を増
やしていかなければ、やはり銀行からはよく見てもらえませ
ん。そう考えると、何年かに一度は物件を売却し、負債を減
らして純資産を増やす。それで次の物件を買う。その際は、
少しずつ自己資金を増やして買えば以前より負債は減り、純
資産が増えます。何年かに一度売るということを繰り返して
いけば、長い目で見ると貸借対照表の純資産がだんだん増え
ていきます。金融機関からすると、この会社はお金を残し続
けているから、安心して融資できるとなります。損益計算書
（PL）とは、一年間の収益と費用を表したもの。ぜひ利益
を出して、税金を払い、それを純資産に入れていくことを目
指してください。ただしこれ以上物件を増やすつもりはない、
という方は徹底的に節税をして構いません。

CHAPTER

4

いよいよ大家さん！物件管理の肝

金融機関を攻略するウルトラC

物件を
早く増やしたい！
どうしたらいいの？

フルローンで増やす
必殺技を伝授します！

　物件をどんどん増やすには、フルローンで借りるのがベスト。そのためにはまず残債のない物件Aを一つ持ち、次に物件Aを共同担保に入れて、物件Bをフルローンで購入します。

　共同担保とは、物件Bと物件Aの両方を担保にすること。それによって銀行は、お金を多く貸してくれます。その後、残債の減ったタイミングで、今度は物件Aを共同担保に入れず物件Bだけで別の金融機関に借り換えます。

金融機関攻略のウルトラC

1. 残債のない物件Aを一つ持つ
（マイホームでも可）

2. 残債のない物件Aを
共同担保に入れて、
物件Bをフルローンで購入

3. 数年後、
共同担保をとらないことを条件に、
他の金融機関へ借り換え

4. 残債のない物件Aを
共同担保に入れて、
物件Cをフルローンで購入

この繰り返し

残債のない物件が大活躍

　こうすると物件Aが空くので、空いた物件Aを共同担保にして、物件Cを買います。そして何年かしたら、別の金融機関に借り換えて、とフルローンを繰り返していきます。これが名付けて「フルローン金融機関攻略のウルトラC」です。

CHAPTER **5**

不動産投資の
ゴールは売却!

買った物件は
売らないと
意味がないですよね?

確かに売ってこそ
利益が得られますから、
売却は不動産投資の
ゴールです

でも物件が売れなかったら
どうしよう……

ターゲットを見極めれば
必ず売れますよ!

48
売却に大切なこと

売却するときに
大切な心がまえとは？

大切なことは
3つあります

　売却時に大切な心がまえは「愛着を持ちすぎない」「長い
スパンで見る」「買い手の立場で考える」の3つです。

　そもそも物件を売却して利益を得ることは、不動産投資の
大原則です。売却して初めて最終的な損益が決まりますから、
ある意味ドライに考える必要があります。それゆえ物件に
「愛着を持ちすぎない」ことが大切です。とかく初めて買っ
た物件は、手放しにくいものですが、そこは割り切ることです。

売却時に大切な3つのこと

① 愛着を持ちすぎない

初めて買った物件は愛着がわいて、手放しにくいけれど、ドライに割り切って。

② 長いスパンで考える

早く売ろうとすると買い叩かれる恐れがある。じっくり売ることを考えよう。

③ 買い手の立場に立つ

相手がどのくらいのローンを組めて買えるかまで想像できると売りやすくなる。

相手がどうやったら買えるか想像してみよう

　売却には区分なら2～3カ月、一棟ものは1年以上かかるのが一般的。売り急ぐと買い叩かれるので、急がずじっくりと。これが二つ目の「長いスパンで見る」です。三つ目の「買い手の立場で考える」とは、買い手がこの物件をどうやったら買えるのか考えてみるということ。たとえば木造の耐用年数は22年ですから、築20年の物件を売ろうとしたら、買う人は残存年数が2年しかないので、融資がおりません。となると現金で買える人しか買えないので、売りにくくなります。だからこそ、今この物件を売れば買い手はローンを組んで買えるだろうと、相手の立場で考えることが大切です。

POINT
49
売却のタイミング

売却のタイミングって
どんなとき？

5つの観点から
考えましょう

　売却のタイミングは、「5年超えかどうか」「デッドクロス」「残債利回り」「不動産市況」「街の成長度合い」の5つの観点から考えていきます。個人の場合、まず「5年超えかどうか」は、いちばんのポイントです。なぜなら売却時にかかる税金＝課税譲渡所得金額にかかる所得税が、5年を超えると安くなるからです（165ページ）。ですから不動産を所有したら、5年は持つと考えるのがよいでしょう。

売却の5つのタイミング

売却
タイミング **①** **5年超えかどうか**

売却
タイミング **②** **デッドクロス**

売却
タイミング **③** **残債利回り**

売却
タイミング **④** **不動産市況**

売却
タイミング **⑤** **街の成長度合い**

不動産市況や街の成長度合いで 上がるか下がるか予測する

「デッドクロス」は54ページで説明したように、計上できる経費が減って、その分税金を多く払わなければいけないというタイミングです。この前に売却することは、デッドクロスを防ぐ一つの方法です。「残債利回り」とは、残債で割ると将来の利回りがどれぐらいかがはかれるもの。162ページでくわしく解説します。「不動産市況」とは、世の中の状況を鑑みて、これから不動産価格が上がるのか下がるのかを考えること。「街の成長度合い」も、その物件のある街が、これからどれぐらい伸びるのか、不動産価格が上がるのか下がるのか、ということを見ていくということです。街の歴史を振り返ることも重要。

売却のタイミングは「残債利回り」で判断

> # 残債利回りが
> # 売却時になぜ重要?

> ## 将来の利回りが
> ## 予測できるからです

　売却のタイミングは「残債利回り」からはかる方法があります。そもそも利回りというのは、年間の家賃収入を購入価格で割って100倍すると算出できます。家賃8万3000円で購入価格が1850万円なら、利回りは5.38%です。

　残債利回りの場合、年間の家賃収入を残債で割って100倍すると出てきます。これが将来の利回りを予測する計算になります。仮に家賃8万3000円で、1850万円の物件を今年買ったとします。

売却時は残債利回りを意識する！

利回りとは……

利回り（％）＝年間の家賃収入÷購入価格×100
家賃8.3万円　1850万円の中古ワンルームマンション

8.3万円×12カ月÷1850万円×100＝ 利回り
5.38％

残債利回りとは……

残債利回り（％）＝年間の家賃収入÷残債×100
10年後、
残債が1850万円→1400万円に減った
家賃が8.3万円→8万円に下がった

8万円×12カ月÷1400万円×100＝ 残債利回り
6.86％

10年後の残債利回りを算出しましょう

　返済予定表を見ると、10年後の残債は1400万円。8万3000円の家賃が8万円になっているかもしれない。そうすると10年後の残債利回りは6.86％。この「6.86％」という数字が、売却のタイミングをはかる指標になります。

　もし10年後に都内の中古ワンルームマンションが、利回り6.86％で売っていたら、あっという間に売れるでしょう。それぐらいオトクな物件なので、10年後には売却して残債が返せるということです。

売れた値段から
買った値段を
引いたものが
利益ですよね?

それだけでなく
減価償却費も
上乗せされます

　売却時の利益は「売れた値段ー買った値段」ではなく、「売れた値段ー買った値段＋減価償却費」となります。たとえば5000万円で買った物件が、5年後に6000万円で売れた場合、建物部分を毎年200万円ずつ減価償却をしていくと、5年間で1000万円の減価償却費となります。つまり「売れた値段（6000万円）ー買った値段（5000万円）＋減価償却費（1000万円）」＝2000万円を利益と考えます。

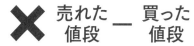

売却時の利益は……

✗ 売れた値段 ー 買った値段

○ 売れた値段 ー 買った値段 ＋ 減価償却費

減価償却費が上乗せされます！

> ## 利益には所有期間に応じて 39％か20％の所得税がかかります

　買った値段から減価償却費を引いた金額を「簿価」といい、ここでは4000万円が簿価となります。利益にかかる税金は「課税譲渡所得金額」ですが、正確な計算式は「譲渡価額（収入金額）－（取得費＋譲渡費用）－特別控除額（一定の場合）」となります。つまり譲渡価額（収入金額）は売れた値段、取得費は簿価、譲渡費用は仲介手数料や測量費などの経費、特別控除額（一定の場合）は、マイホームなら3000万円になります。課税譲渡所得金額には、所有期間が５年以下なら合計39％（短期譲渡所得）、５年超えるなら合計20％（長期譲渡所得）の所得税がかかります。

POINT
52
売却の依頼

> 物件を売りたいときは
> 誰に頼めばいい？

不動産会社に
依頼することになります

　自分の物件を売りたいときは、不動産会社と契約して依頼することになります。契約方法は「一般」「専任」「専属専任」の３つ。「一般」とは、売主の自分がＡ社、Ｂ社、Ｃ社と複数の不動産会社に依頼できるもの。「専任」は特定の不動産会社、たとえばＡ社だけに依頼できるものです。ただしＡ社にお願いしたけれど、知人の山田さんが買いたいと言ってきたから私が山田さんに直接売る。これができるのが専任です。

不動産会社との契約方法は3つ

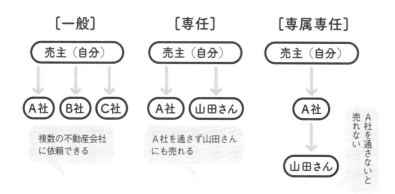

［一般］
売主（自分）
→ A社　B社　C社
複数の不動産会社に依頼できる

［専任］
売主（自分）
→ A社　山田さん
A社を通さず山田さんにも売れる

［専属専任］
売主（自分）
→ A社
→ 山田さん
A社を通さないと売れない

初心者は買った不動産会社に 専任か専属専任で依頼するとラク

「専属専任」は専任と違い、いったんA社にお願いしたら、山田さんに直接売ることはできません。もし山田さんが、どうしても買いたいというなら、A社を仲介して売ることになります。実際に物件売却を依頼するときは、物件を買った、仲介してもらった不動産会社に専任か専属専任で契約するのがおすすめです。この場合レインズに掲載しなければいけないので（83ページ）、責任を持って売ってくれるでしょう。早く売りたい場合は「物上げ業者」に、売る手があります。ただ物上げ業者は、さらに不動産会社に売りますから、安く買われるのが難点。相続で手に入れた物件を早く現金化したいといったときは、選択肢としてありでしょう。

CHAPTER
5
不動産投資のゴールは売却！

53
残存使用可能年数から適正価格を

築古物件って将来、
売れるか心配です

適正金額で
買っていれば、
リスクを抑えられます

　築古物件を買うときは、いくらで買うのが妥当なのでしょうか。その目安として、残存使用可能年数から目標利回りを導いて算出する方法があります。残存使用可能年数とは、築古の戸建てを見たときに、あと何年持つかな、という見た目の数字です。それを半分の期間で回収するのを理想とし、最初の10年は回収する時期に当てて、残りの10年をもうける時期と考えます。具体的に見ていきましょう。

築古物件はいくらで買えばいいか

 ボロボロのアパートだけど、リフォームに1000万円かけたら、あと20年は持つな……。家賃収入は年間672万円。よし、半分の期間で回収しよう。

1 回収期間（年）＝20年÷2＝10年

2 期待表面利回り（％）＝1÷10年×100＝10％

3 適正投資額（円）＝672万円÷10％－1000万円＝5720万円

5720万円なら妥当！

安く買えさえすれば売れなくても安心

　古い一棟アパートで、残存使用可能年数は20年ぐらいで、リフォームに1000万円かかりそう。家賃で年間672万円稼げると想定します。回収は20年の半分の10年と考えると、期待表面利回り（購入後に期待される利回り）は10％。10年で回収するには、利回り10％以上必要です。

　そして672万円から利回り10％を割り戻し、リフォーム費用1000万円を引くと5720万円になり数字が出ます。つまり5720万円で、この物件を買えれば、リフォーム代1000万円を使っても、利回り10％で10年で回収できて、残りの10年で稼ぐことができるわけです。その後売却できなくてもリスクを抑えて稼ぐことができます。

もし自分の物件が
事故物件になったら
どうしよう……

国のガイドラインに
則って取り扱いましょう

　事故物件とは、何らかの事件や事故で人の死が発生した物件のこと。今までは事故物件でも、オーナーがそれを入居者にどこまで伝えるか、そのルールはありませんでしたが、2021年（令和3年）に国土交通省が「宅地建物取引業者による人の死の告知に関するガイドライン」を策定し、事故物件の告知義務が明確化されました。ポイントは「心理的瑕疵」。借主・買主に心理的抵抗が生じる恐れのある事柄のことです。

不動産「事故物件」の告知義務が明確に！

事故物件で
ポイントになるのが
「心理的瑕疵」

心理的瑕疵とは、自殺や他殺など、借主・買主に心理的影響が生じる恐れのある事柄のことを指す。

安心して
取引できない！
単身高齢者の
入居が困難！

国土交通省では
「不動産取引に係る
心理的瑕疵に関する
検討会」を開催し、
ガイドラインの
方向性・内容
について議論

宅地建物取引業者は、
人の死に関する事案が、取引の相手方等の
判断に重要な影響を及ぼすと考えられる
場合には、告知しなければならない！

CASE ❶

取引の対象不動産で発生した自然死・日常生活の中での不慮の死

告知しなくても
いいケースとは？

CASE ❷

取引の対象不動産のうち、日常生活において集合住宅の共用部分で発生した❶以外の死・特殊清掃等が行われて概ね3年後

CASE ❸

取引の対象不動産の隣接住戸のうち、日常生活において通常使用しない集合住宅の共用部分で発生した❶以外の死と特殊清掃等が行われた❶の死

基本的には告知する必要があるけれど
告知しなくてもいいケースもある

　心理的瑕疵の適切な告知や取り扱いに関する判断基準をつくって、安心して取り引きしましょうというのが、このガイドラインです。

　基本的には宅地建物取引業者は、人の死が相手の判断に影響を及ぼす場合は告知しなければいけません。ただし告げなくてもいいケースも。❶自然死や日常生活の中の不慮の死。転んで亡くなった、もちを喉に詰まらせて亡くなったなどは告知しなくていい。❷集合住宅の共用部分で発生した❶以外の死で、特殊清掃が行われて概ね3年後なら告知不要。

　仮に私の持っている304号室を賃貸しようとしているときに、マンションの玄関で殺人事件があり、特殊清掃したとします。これが3年未満なら言わなければいけないし、3年経ったら言わなくてもいいということです。

　❸集合部分の共用部分で発生した死、たとえばマンションの倉庫で誰かが首つり自殺をしても、そのマンションの部屋を貸すときには告知不要です。

　ただし告知の必要があるケースも。1、事件性、周知性、社会に与えた影響等が特に高い事案、2、それ以外で、取引の相手方の判断に重要な影響を及ぼすと考えられる場合、3、死の経過3年と限らず、借主・買主から事案の有無を問われた場合、社会的大きさから借主・買主が把握しておく特段の事情があると認識し、事案の発生時期や場所、死因、および特殊清掃等が行われたら告知の必要があります。

新しい4つのターゲット

これから
新しくターゲットとなる
入居者の層は？

「高齢者」「外国人」
「障碍者」「ＬＧＢＴＱ」
の方々です

　これから賃貸業を始めたい人が入居者としてターゲットに
してほしいのが「高齢者」「外国人」「障碍者」「ＬＧＢＴＱ」
の方々。まずは、孤独死のリスクから部屋を借りにくい高齢
者をＯＫにして、65歳以上向けの部屋探しサイト「Ｒ65
不動産」などで物件を紹介してもらうといいですね。
　また今後、確実に増えていく外国人も積極的に受け入れて
いきましょう。最近は入居者用に通訳サービスを利用してい
る管理会社もあります。

新しい4つのターゲット

高齢者

一人暮らしが増えているのに部屋を借りられない高齢者が多い。「R65不動産」などを活用。

外国人

これから確実に増える。入居者のために通訳するサービスを利用する管理会社もある。

障碍者

一人暮らしには自治体からの補助が出ることも。不動産会社に「障碍者OK」と伝えて。

LGBTQ

受け入れOKにすると、次の入居者を紹介してくれることも。住宅情報サイトにも特化したページがある。

不動産会社に「受け入れOK」と伝えて

　障碍者は、一棟ものでグループホームをつくるのもよいですが、区分の部屋を貸し出しても。障碍者の一人暮らしには自治体から補助金が出ることがあるので、それでその方が豊かに生活でき、家賃を払ってもらえば双方がハッピーです。ぜひ不動産会社に「障碍者もOKです」と伝えましょう。

　またLGBTQの人たちを受け入れることも、空室対策になります。各賃貸不動産情報サイトには「LGBTフレンドリー」というチェック項目もついています。LGBTQの人は一度受け入れると、空室が出たらLGBTQの方を紹介してくれることが多いのもいいところです。

VUCAな時代をどう生きる？

最近よく聞く
VUCAの時代って
どういうこと？

変動性、不確実性、
複雑性、あいまい性の
高い時代のことです

　VUCAとは、変動性（Volatility）、不確実性（Uncertainty）、複雑性（Complexity）、あいまい性（Ambiguity）の4つの単語の頭文字をつなげたもの。もともとアメリカの軍事用語で、2010年以降、ビジネス用語として使われるようになりました。

　こういったVUCAの時代に我々は、どういうふうに賃貸業をやっていくべきか、真剣に考えていかなければなりません。

VUCAな時代とは?

（ブーカ）

人口減少と家余り

日本の総人口は2053年には1億人を割ると予想される。空き家率も3割超に!?

災害・環境リスク

地震や津波、台風、ゲリラ豪雨などの災害、温暖化や気候変動などのリスクが増えている。

入居者の多様化

ＬＧＢＴＱやお一人様など入居者、テレワークや二拠点居住など暮らしも多岐に渡る。

不動産の大変革

ファンドやＲＥＩＴなど所有のバリエーションが増加。民泊などサービスもさまざまに。

これからの時代に生き残っていく人とは

　まず最大の課題が、人口減少と家余りです。また災害や環境リスクが高まり、入居者の多様性や不動産の大変革も起きています。かつては土地を持っている地主大家さんが不動産賃貸業を行う時代から、誰でも簡単に不動産投資ができるサラリーマン投資家誕生の時代を経て、リーマン・ショック以降、スルガ銀行不正融資問題で、サラリーマン投資家が淘汰されてコロナ禍へと時代が大きく変化してきました。

　これからは、世の中のことを勉強し、賃貸業が社会貢献事業だと理解し、本気の人だけが生き残っていくでしょう。そのためには不動産について勉強していくことが大切なのです。

> 今後の不動産市況は
> どうなりますか？

> 今後の不動産市況は
> 転換期を迎えるでしょう

今後の不動産市況で気にするべきポイントは全部で10個。

①インフレ、円安で建築資材の価格が上昇していますから、新築物件は値上がり、利回りは下がっています。②日本銀行が事実上の利上げを開始したことで、今後も利上げ傾向が予測されます。ローンの組み方も考えなければいけません。

③コロナ融資を受けている各企業の元本返済が、すでに始まり、それに持ちこたえられない会社が増えています。

2023 ～ 2024年不動産市況
気にすべき10のポイント

① インフレ・円安で建築資材の価格上昇

② 日本銀行、金融緩和からの脱却

③ 拍車がかかるコロナ倒産

④ 増え続ける不動産投資家

⑤ 売れ残る新築戸建て

⑥ 家族、暮らしの多様化と戻る外国人需要

⑦ 不動産商品、融資商品の多様化

⑧ 技術革新、DX（デジタルトランスフォーメーション）

⑨ 引き続き心配な災害

⑩ 日本を狙う世界のファンドマネー

今後の不動産市況に影響があるもの

大阪・関西万博

2025年の万博開催によって、大阪の景気は上り調子。日本の不動産を引っ張っていくことが予想される。

カジノ

「ＩＲカジノ計画」の実現で、大阪は日本の窓口になっていく。不動産投資家は、運営計画の動きから目が離せない。

東京・大阪の新交通網

東京駅から東京ビッグサイトを結ぶ地下鉄の計画、東京メトロの延伸、大阪駅北側区域の再開発などが注目ポイント。

空き家問題

国が空き家対策を講じる動きが加速化する。古い空き家をリフォームする動きは高まることが見込まれる。

札幌五輪

2023年7月現在はどうなるかわからないが、もし開催されるとなると、やはり影響は大きくなると思われる。

マンション建てかえブーム到来

所有者の４／５の合意が必要だったマンション建てかえが、今後は３／４かそれ以下に引き下げる法改正が検討中。

コンパクトシティ構想

ある一つの地方都市において、開発するところと開発しないところを分けてしまう構想。各都道府県で議論されている。

キーワードは「不均衡」
お金や情報の格差が広がる!

④コロナ禍で不安定な世の中になり、何か副業を、と不動産投資家が増えています。

⑤タワーマンションが売れている一方、新築戸建てが売れ残っているのが心配なところ。⑥多様化する家族形態や暮らしに配慮し、賃貸業を営みたいところ。いよいよ戻ってくる外国人もターゲットとして考えていくべきでしょう。⑦かつて不動産商品は区分か一棟しかなかったのに、今は民泊からレンタル会議室、1万円から投資できるファンドまで。ますます多様化が予想されます。

⑧技術革新やDXについては、遅れている不動産業界も、今後は進むでしょう。⑨やはり震災は引き続き心配。河川の近くや土砂災害の危険性がある場所は要注意です。

⑩世界的に見ると、日本の不動産利回りはすごくいい。しかも日本はまだ低金利ですから、世界の投資家が狙っています。外国人にとって簡単に日本の不動産を手に入れられるのは大きな魅力です。それだけ世界のお金が日本に集まれば、日本の経済も安定するので、メリットも大きいといえそうです。

今後の不動産は、転換期を迎えることが予想されます。需要が一巡し、価格の高騰で新しい局面に入る、まさに「不均衡」の時代です。具体的に不動産を買える人・買えない人、情報を得られる人・得られない人の差が出てきます。そのうえで今後、不動産投資家が知っておくべきポイントは左の7つ。しっかりウォッチし、早め早めに行動しましょう。

不動産投資に必要な資格とは？

> 不動産投資に
> 役立つ資格は？

> 宅建をはじめ
> 注目すべき国家資格があります

　最後に不動産投資家にプラスになる資格をご紹介します。まず「宅地建物取引士」、いわゆる宅建です。実は、宅建は実務上ではあまりプラスになりませんが、金融機関はプラスに見てくれます。融資のお願いの際に宅建を持っていることをさりげなくアピールすると、本気でやろうとしている人と好印象を与えます。二つ目の「賃貸不動産経営管理士」は2021年から国家資格になった今、注目されている資格です。

不動産投資にプラスになる資格

宅地建物取引士

試験日：毎年10月第三日曜日

宅地建物取引業法に基づいて、不動産取引を行える不動産のプロ。いわゆる「宅建」と呼ばれる国家資格。金融機関へのアピールに効果は絶大。

賃貸不動産経営管理士

試験日：毎年11月第三日曜日

賃貸住宅の管理業務に関する知識のある専門家。賃貸借契約時のトラブル対応や設備の点検、修理を行う。2021年から国家資格に。

マンション管理士

試験日：毎年11月第四日曜日

マンション管理組合のコンサルティングや大規模改修工事の計画立案などを行う。

管理業務主任者

試験日：毎年12月第一日曜日

マンション管理業者が管理組合等に対して、管理委任契約に関する重要事項の説明や管理事務報告を行う専門家。

不動産実務検定

【2級】

不動産の税務や管理運営、リスクの対処法など、主に賃貸業について学ぶもの。オンラインか対面で12コマの講座を受けると、試験が5点免除に。

【1級】

物件選びや購入の仕方、事業拡大など、不動産投資全般について学べる。2級と同様、オンラインか対面で12コマ受講すると試験が5点免除に。

【マスター】

講座はゼミ形式で行われ、最後は提案書を作成。審査に合格したら「ＪーＲＥＣ公認不動産コンサルタント」として認定される。

不動産の知識をひと通り
つけたい人におすすめ！

「不動産実務検定」なら
不動産投資のAtoZが学べる！

　近年、スルガ銀行不正融資問題などで、管理会社のずさんさが明るみに出ました。そこで国土交通省の指導の一環としてできた資格が「賃貸不動産経営管理士」です。不動産を維持管理する内容なので、大家さんにはよい学びとなります。「マンション管理士」は、区分マンションの理事会や分譲マンションの運営の知識が得られるもので、オーナーサイドの資格です。一方、「管理業務主任者」は建物管理会社サイドの資格になります。実際、不動産投資家に必要な資格はマンション管理士ですが、試験範囲は同じで、試験自体、二週続けて行われるので、セットで取得を目指すとよいでしょう。「不動産実務検定」は、一般財団法人日本不動産コミュニティー（J−REC）が認定している資格で、不動産投資の実務をすべて学べておすすめ。「２級」は賃貸業、「１級」は不動産投資全般、「マスター」は不動産投資のコンサルティングを学べます。２級と１級は、どちらを先に学んでもOK。

　たとえばアパートを相続して、賃貸経営をすることになった場合は、２級から学び、面白くなったら１級へ。サラリーマンの人が不動産に興味を持ったら１級を学んで２級に。それぞれ12コマの講座を受けると、試験で５点免除になるので、その権利を持って試験会場で試験を受けることになります。

　後輩大家さんに教えたい、税理士など士業の人がプラスαであると使い勝手がいいのがマスターです。土地活用の提案書を提出して合格すれば、資格取得できます。

最後に

　ここまで読んでいただき、ありがとうございました。不動産投資の疑問は解消されましたか。自分に合う不動産投資や不動産投資の楽しさは見つけられそうですか。

　これまで私はいろいろな投資をしましたが、今なお楽しく続いているのは不動産投資だけです。何がそんなに楽しいのか。それは私の持っている物件が、人の人生の一部になっているからです。たとえば、ある人が私の物件に住んだら一生、その物件のことを覚えていて、その近くに行ったら、あのアパートはまだあるかなって見に行くと思うのです。そう考えると、不動産投資というのは、人の記憶に残る仕事なんだなとうれしくなります。

　そんな私が、不動産投資を行うときに大切にしていることを最後に改めて3つほどお伝えしましょう。

① 不動産投資は死ぬまで続く事業である

　不動産投資は物件を売却しない限り、死ぬまで続くので、一生付き合うものです。だからこそ私は、一生楽しく取り組んで、一生かけて学んでいきたいと思っています。

② 信頼できる仲間の数で成功は決まる

　不動産会社や金融機関の人、大家さんなど、不動産投資で出会う人たちの中から、一人でも多く信頼できる仲間をつくること。そういった仲間が、相談にのってくれたり、必要な情報を教えてくれたり、かけがえのない存在になります。

③ 何が起きても最終的には自己責任

　不動産投資を長く行っていると、うまくいくことばかりではありません。建設会社の下請け会社が倒産したとか、急にすべての部屋が空室になるとか、私自身もいろいろなトラブルを経験しました。しかし、それはすべてその業者を選んだ私の責任です。それをわかったうえで覚悟を決めてやることが大切だと思っています。

　現在、私は書籍やセミナー、YouTube『アユカワTV』、メールマガジンを通じて、さまざまな不動産投資の知識を発信しています。13年前、不動産投資を始めたばかりの私は、知識不足を感じて、週末になると不動産投資のセミナーに参加していました。そこで聞かせてもらった先輩大家さんの赤裸々な話が、どれだけ勉強になったことか。私が積極的に発信しているのは、自分の体験談が、後輩の人たちの参考になったらいいな、とお返しの気持ちがあるからです。

　私の夢は全国に不動産投資の仲間をつくり、その土地土地で乾杯すること。現在、私の登壇する不動産実務検定講座の卒業生が集まり「チームアユカワ」というコミュニティをつくって、勉強会や物件視察会、懇親会などを開催しています。その輪をもっと広げたいですね。私の講座はオンラインで受講できるので、全国どこからでも参加可能です。ぜひ一緒に日本の不動産市場を盛り上げていきましょう。

2023年7月　アユカワタカヲ

アユカワタカヲ氏の不動産投資に
興味を持たれた方へ

本書でもご紹介した不動産投資の手法と
お金の知識をYouTubeでも学ぶことができます。

アユカワTV
【不動産投資から】
【お金の知識まで】

https://www.youtube.com/@ayukawa-tv

アユカワ
無料メールマガジンの
お知らせ

毎朝6時10分に無料のメールマガジ
ンを配信しています。不動産投資の
ノウハウ、投資マインド、アユカワの
今後の活動予定をお伝えしています。

https://1lejend.com/stepmail/
kd.php?no=ylTJqOslRnMXzEv

出版記念セミナーは
こちらから

https://xn--gmq19h
2y2bcca6by11kx5m.com/mirudake58

アユカワタカヲ

宅地建物取引士、AFPファイナンシャルプランナー、J-REC公認不動産コンサルタント・相続コンサルタント、総合マネープロデューサー。

1966年大阪生まれ。大学卒業後、大手ラジオ局に入社。42歳の時に起きた「リーマンショック」をきっかけに、ボーナスカット、基本給カット、リストラ計画の発表、母の死と人生が激変。意を決し投資の勉強を始める。

数ある投資の中から自分にとって失敗しない投資として不動産投資と出会い、資産を拡大。48歳の時に独立。2023年7月現在、「区分、一棟、戸建て、築浅、築古、首都圏、地方、海外」と幅広く不動産賃貸業を営む。

現在は総合マネープロデューサーとして、年間のセミナー登壇数は300本を超え、YouTube「アユカワTV」にて動画を公開。「不動産はエンターテイメントだ」をモットーに、人生自由化計画を提唱。

著書に『6億円サラリーマンになる方法［入門編］』(平成出版)、『6億円サラリーマンが教える引き出しても減らない通帳の作り方』(ギャラクシーブックス)、『お金磨き☆自分磨き』(ギャラクシーブックス)、『1000年使える不動産投資最強成功術』(ごきげんビジネス出版)、『不動産はあなたの人生を変えてくれる魔法使い』(ごきげんビジネス出版)、『人生を自由に生きるために必要な「お金の話」をしよう。』(サンライズパブリッシング)、共著に『不動産投資でハッピーリタイアした元サラリーマンたちのリアルな話』(青月社)、『満室バンザイ！ 不動産オーナー 3つの秘策』(平成出版)がある。

日本一わかりやすい！
見るだけ不動産投資58

2023年7月27日　初版第1刷発行

著　者	アユカワタカヲ
発行者	西潟洸徳
発　行	サンライズパブリッシング株式会社
	〒150-0043
	東京都渋谷区道玄坂1-12-1
	渋谷マークシティW22
発売元	株式会社飯塚書店
	〒112-0002
	東京都文京区小石川5丁目16-4
印刷・製本	中央精版印刷株式会社

©Takawo Ayukawa 2023
ISBN978-4-7522-9012-4 C0033

編集協力	長谷川華（はなぱんち）
イラスト	大野文彰
装丁・DTP	本橋雅文（orangebird）
プロデュース	水野俊哉

SUN RISE

あなたの
想いと言葉を
"本"にする
会社です。

経営者、コンサルタント、ビジネスマンの
事業の夢&ビジネスを出版でサポート

サンライズ
パブリッシング

出版サポートのご相談は公式HPへ

http://www.sunrise-publishing.com/